了不起的故宫

皇帝的宝贝

有鱼童书 著/绘

化学工业出版社

·北京·

图书在版编目（CIP）数据

皇帝的宝贝 / 有鱼童书著、绘 . —北京：化学工业出版社，
2020.9（2023.7重印）
（了不起的故宫）
ISBN 978-7-122-37468-4

Ⅰ.①皇… Ⅱ.①有… Ⅲ.①故宫 – 北京 – 少儿读物
Ⅳ.① K928.74-49

中国版本图书馆CIP数据核字（2020）第139655号

责任编辑：张　曼　龚风光　　　　　　内文设计：朱廷宝
责任校对：宋　玮　　　　　　　　　　　封面设计：尹琳琳

出版发行：化学工业出版社（北京市东城区青年湖南街13号　邮政编码100011）
印　　装：天津市银博印刷集团有限公司
787mm×1092mm　1/16　印张6½　字数100千字　2023年7月北京第1版第9次印刷

购书咨询：010-64518888　　　　　　　售后服务：010-64518899
网　　址：http://www.cip.com.cn
凡购买本书，如有缺损质量问题，本社销售中心负责调换。

定价：39.80元　　　　　　　　　　　　　　　　　　版权所有　违者必究

名家推荐

　　"了不起的故宫"系列富有知识性和趣味性，当孩子们打开这套书时，那些枯燥的建筑和历史知识立刻变得立体和鲜活起来，变得有品质、有趣味、有美感，我们可以把故宫带在身边啦！

　　——国家"五个一工程"奖、全国优秀儿童文学奖、国家图书奖、冰心儿童图书奖获得者，著名童书作家　王一梅

　　故宫不仅是一座古老的宫殿，更是中华文化的至宝，它穿越时空，沉淀丰富的文化和生活细节。"了不起的故宫"系列专门为青少年量身打造，通过有趣的故事和知识播种文化的种子，激发孩子对传统文化的热情。

　　——国家"五个一工程"奖、全国优秀儿童文学奖、国家图书奖、宋庆龄儿童文学奖、冰心儿童图书新作奖获得者，著名童书作家　冰波

　　故宫是中国最大最美的建筑宝库，中国人的营造智慧中充满了永不过时的哲学和思想。故宫的红房子里还藏着无数秘密，历史的秘密、皇帝的秘密、奇珍异宝的秘密、怪兽的秘密……这套书就像福尔摩斯，带着我们去侦破秘密。

　　——中国作家协会散文委员会委员，人民文学奖、朱自清散文奖获得者　蒋蓝

　　故宫不仅是一座宫殿，也是一部中华文明史。故宫不仅年老，也很年轻。故宫不仅是文化专家研究的殿堂，也是青少年学习的宝藏。故宫不仅是中国的，也是世界的。"了不起的故宫"系列做了一件了不起的事！

　　——全国宣传思想文化青年英才、讲好中国故事专家　孙敬鑫

故宫是一座神奇的建筑群,"了不起的故宫"系列精心再现昔日故宫的建造故事,有颜有趣有料,好看好读好玩!

——著名摄影家、《看不见的故宫》作者 李少白

600个春秋,72万平方米的广阔空间,近9000间房子,180余万件馆藏文物,面对如此巨大而丰富的故宫,你的探索之旅准备从哪里启程呢?"了不起的故宫"系列提供了这样的可能:和"样式雷"一起画图纸盖房子,围观皇帝一天的生活,寻找藏在建筑里的神兽,欣赏藏在宫殿里的大宝贝,看工匠们搬木材、运石头、建皇宫,还可以一起过个热闹的中国节。我相信,不只是孩子们能够从书中找到解开故宫密码的钥匙,家长们也能发现红墙黄瓦间不一样的风景。那就带上这套书,一起去故宫吧!

——考古学博士、艺术史专业博士后、中央美术学院教师、《国家宝藏》国宝守护人 耿朔

翻开"了不起的故宫"这套专为孩子量身打造的故宫百科,宛如一双稚嫩的小手推开紫禁城厚重的朱漆大门,进入穿越时空的门洞。故宫俯下身来为孩子讲述奇妙的故事,破解有趣的谜团,打开好玩的百宝箱,送上惊喜的礼物。"博物馆奇妙夜"的创意和"我在故宫修文物"的匠心,让收藏在禁宫里的文物活起来,给未来种下一颗有温度的"中国芯",静待花开会有期!

——故宫博物院博士后 池浚

前 言

故宫有个宝贝世界

小朋友们看过《玩具总动员》吗？在这个有趣的电影系列里，小男孩安迪的玩具宝贝们在主人外出的时候，开始过它们自己的生活。太空骑警巴斯光年、牛仔胡迪、牧羊女、弹簧狗之间，发生了好多好玩的故事，它们克服了很多困难，打败了坏人，友谊也越来越深厚。

你知道吗？世界上有一个神秘的地方，那里的宝贝又多又有趣。这个庞大的宝贝世界，就是故宫，它堪称是一座艺术宝库。

在故宫的一座座红墙黄瓦的大房子里，珍藏着超过180万件各式各样的宝贝，而且这些宝贝有着自己专属的"身份"。它们有的是皇帝和后妃们使用过的器具用品，有的是皇帝从全国各地搜集来的奇珍异宝，有的是皇帝喜爱的书画作品……每一件宝贝都是古老的中华文明智慧的结晶。

现在，这些宝贝年纪都很大了，最小的也得有几百岁了，它们跟随紫禁城经历了明、清两个朝代的更替，也见证了遭受外敌洗劫的悲痛，围绕着这些宝贝，发生了很多有趣的或者悲伤的故事。

如果宝贝会说话，它们一定会邀请小朋友们来听故事，用好听的声音给你讲述：

一把椅子为什么能"号令天下"？

200多年前，紫禁城里就有"人工智能"吗？

宝贝诞生的"皇家工厂"长什么样？

"天下第一奇画"里有什么未解之谜？

世界上最大的百科全书去了哪里？

一封难以破译的书信为何成为无价之宝？

皇帝为什么要枕着个"胖娃娃"睡觉？

"刻章达人"乾隆皇帝最爱的小印长什么样？

……

这些故事可比动画片里的故事还要精彩呢，它们都藏在本书里。

请带着一颗好奇心快快翻开它，开启故宫的寻宝之旅吧。

目录

壹　宫里的稀世珍宝

如果每天认识一件故宫的宝贝	02
一把"号令天下"的椅子	04
"天下第一奇画"里的未解之谜	08
"金瓯永固"杯是谁设计的	15
世界上最大的百科全书	18
一封难以破译的书信	21
大禹怎么跑到石头上了	24
后人无法复制的神奇杯子	27
穿了15件彩衣的大瓶子	30
一间小屋里的秘密	34

贰 皇帝是个玩具迷

皇帝也喜欢看星星吗	40
皇帝睡觉竟枕着个"胖娃娃"	44
"印章达人"乾隆皇帝最爱的印玺是哪个	46
故宫里有传国玉玺吗	48
宫里来了稀罕的新瓷器	51
200多年前的"宫廷人工智能"	54
解暑降温的小发明	57
不怕寒冷的暖手宝	60
皇帝的"百宝箱"	62

叁 宝贝们的前世今生

宝贝诞生的"皇家工厂"	66
皇宫里的"玩具制造师"	72
谁为故宫写下了无数"宝贝日记"	75
给宝贝建一座大房子	78
惊心动魄的国宝流浪之路	82
故宫宝贝的"专门医院"	87

写给孩子的话　　　　　　　　　　　　　91

壹

宫里的稀世珍宝

如果每天认识一件故宫的宝贝

故宫的占地面积整整有 72 万平方米，黄色屋顶的宫殿气势非凡，不仅皇帝曾经住在这些宫殿里，一件件珍贵的文物也是住在这里的"大宝贝"。你知道，故宫里有多少大宝贝吗？

这真是一个难以回答的问题，因为故宫有着 600 年的历史，各种宝贝就像夜空中的星星一样多，要把它们数清楚可不是一件容易的事情。

这些宝贝来自不同时代和世界各地。年纪最大的是新石器时代的古老玉器和陶器，它们已经 4000 多岁了，浑身绿色的青铜器 3000 多岁了，"年轻"一些的宋朝字画、陶瓷也有 1000 多岁了。即使是这些宝贝中的"小字辈"，也有几百岁了。这群宝贝就像在故宫举办了一个"大聚会"。

来参加聚会的宝贝不但年龄不同，它们的个头也不一样。"小个头"的如字画古玩，五彩缤纷的珐琅器、陶瓷、漆器；"大块头"的有铜器、金银器、雕塑、玉石；还有一些"超级大块头"，如刻着古老文字、画着图案的大石头，它们一起生活在故宫，成了亲密的朋友。

还有皇帝的生活用品、文具宝贝，它们都穿着华丽的衣服在聚会上展示着自己的形象。除了各种摆设，皇帝还喜欢听音乐、看戏剧，所以各种乐器和戏剧用品宝贝也在这里有一席之地，打算来一场跨越时空的演出。

参加聚会的宝贝中不仅有地地道道的"中国面孔"，还有远道而来的"外国客人"。清代的时候，英国、法国、德国等国家的科技仪器和"玩具"也漂洋过海来到了紫禁城。它们当中有瑞士制作、会唱歌的八音盒；有来自英国的望远镜；还有清宫后妃最喜欢的铜镀金架香水瓶呢。

那么，故宫里的"宝贝"到底有多少呢？这个问题一直困扰着人们。在北京故宫博物院刚刚成立的时候，谁都说不清故宫里究竟有多少件文物宝贝。2004年开始，北京故宫博物院的工作人员花了整整七年时间来整理它们，于2011年宣布，故宫的宝贝共有1 807 558件！没想到，2016年，这个巨大的数字再一次被刷新，故宫宝贝更准确的数量是1 862 690件！

也就是说，如果每天认识一件故宫宝贝，那要用上5000多年才能看完，假如一个人活80岁的话，那要60多辈子才能看完呢。

文物专家们对这些宝贝可细心了，他们为这些文物宝贝一一进行了检查，将一些特别珍贵的文物，登记为"国家珍贵文物"——说明这件宝贝是我们整个国家的大宝贝！

在中国的5000多家博物馆里，一共有401万件"珍贵文物"。每座博物馆里往往都会有几件"国家珍贵文物"作为镇馆之宝，那么，你猜猜故宫里被评为"国家珍贵文物"的宝贝有多少件呢？答案是，整整168万件！你们说故宫这些大房子里的宝贝多不多？神奇不神奇？

文物

文物是人类在社会活动中遗留下来的具有历史、艺术、科学价值的遗物和遗迹，是人类宝贵的历史文化遗产。文物必须是由人类创造的，或者是与人类活动有关的；必须是已经成为历史的过去，不可能再重新创造的。

一把"号令天下"的椅子

1908年农历十一月初九,一个寒冷的冬天,紫禁城太和殿站满了文武百官,这里正在举行一场极其重要的典礼。

一个三岁的孩子,被父亲抱到了殿内的一把大椅子上,他的名字叫溥仪。底下的官员们看到溥仪坐下后,立即跪下磕头。因为他们的新皇帝,在这一天登基了。

可这个三岁的小皇帝,看起来一点儿也不喜欢这把硬邦邦的椅子,他挣扎着要回家,奈何父亲怎么哄,也止不住他的哭闹,皇帝登基大典就在哭声中草草结束了。

这个三岁的孩子并不知道,自己坐上这把椅子意味着什么。

这可不是一把普通的椅子,谁要能坐上它,谁就能坐拥天下,满朝文武官员都得听他指挥,全国的土地都成为他的领土。

因为,这是一把只有皇帝才能坐的"龙椅",即髹金漆云龙纹宝座,俗称"金銮宝座"。它被摆放在太和殿的中心,在2000多平方米的太和殿中,也只有这一把椅子。除了皇帝之外,谁也不能坐这把椅子。

这把椅子到底长什么样呢?

它浑身闪着金光，和我们平时看见的椅子不一样。平时的椅子一般有四条"腿"，但金銮宝座却一条"腿"也没有，它的底座，是一个宽158.5厘米，深79厘米的长方形"大箱子"。整个椅子的"身高"有172.5厘米，和一个成年人差不多高。

在底座之上，有一个圈椅式的椅背，和四根圆柱，柱子上还爬着张牙舞爪的龙，龙朝着座位翘首张望，栩栩如生，就连龙鳞也清晰可见。它们张着嘴，伸着舌头，展示着尖尖的利齿，似乎是陪伴着皇帝的"龙战士"。椅子的椅背较高，而扶手较低，在正面的两根柱子上还各爬着一条龙。椅子上还镶嵌着大量的宝石，如同被众龙争夺的"龙珠"一样。

陪伴着金銮宝座的，可不止威武的龙。在宝座的周围，还陈设着长脖子的仙鹤、长鼻子的宝象和神兽甪（lù）端。仙鹤的脑袋小小的，脖子细细的，它负责保佑皇帝长寿健康。而宝象安稳地站着，寓意着国家也能像稳重的大象一样安定，宝象的背上还驮着一个小宝瓶，这寓意着五谷丰登和国家吉祥。神兽甪端张开嘴巴，寓意着皇帝学识渊博，它还是传说中可以当翻译的神兽呢。

在金銮宝座的后面，还有一扇金灿灿的屏风，龙也在屏风上张牙舞爪。宝座的左右前方，还有几足香炉，每当皇帝会见官员或举行仪式时，人们便会在香炉内焚香，太和殿里便呈现出一派香雾缭绕的景象。

> 宝贝档案

髹金漆云龙纹宝座

髹金漆云龙纹宝座通高172.5厘米，座高49厘米，座宽158.5厘米，纵79厘米。下层座长162厘米，宽99.5厘米，高21厘米，座前脚踏长70.5厘米、宽42厘米、高30厘米，宝座以楠木制作。1959年，朱家溍先生在故宫库房里发现了髹金漆云龙纹宝座，根据皇帝画像等资料，由刘炳森先生绘制图样，13位专家于1964年9月修复完成，现陈放于故宫太和殿内。

"天下第一奇画"里的未解之谜

在900多年前的一天，北宋翰林图画院的画师张择端长长舒了口气，他终于完成了一幅巨大的画作，小心翼翼地将这幅画交到了皇帝宋徽宗的手中。

宋徽宗握着画卷，觉得沉甸甸的。他命人将画摊开，果然，这是一幅五米多长的巨画。宋徽宗看着画中的景象，简直不敢相信自己的眼睛。细细品味了一番后，他拿起笔，在画上

宣和画院

宣和画院，是宋代宣和年间的翰林图画院。"宣和"是宋徽宗时期的年号，宋徽宗钟爱书画艺术，因此在宫廷设立了完整周密的画院制度。画院画作主要以描绘帝王贵族肖像与生活为主。

清院本《清明上河图》卷纵35.6厘米，横1152.8厘米，全卷按大的地段可分为郊外、虹桥、城市、御苑几个不同的环境，按情节可细分为九段。

宫殿、园林、寺观、民居、牌楼、街道、桥梁、城门和城墙等，集中体现了明清时期的建筑特点。

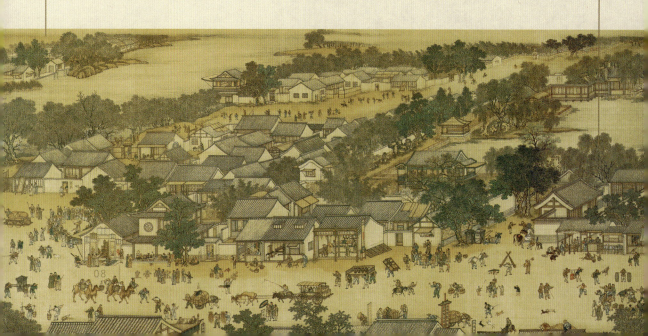

题下了"清明上河图"几个字。

这幅画就是被誉为"天下第一奇画"的《清明上河图》。在之后的900多年里,《清明上河图》被世人争相收藏。据专家考证,它几次被收入皇宫,又多次被盗,有记载的收藏者就有十几人,中间还有300多年去向成谜。

世人对它的研究从未停止,它仿佛具有一种神奇的魔力,吸引着人们孜孜不倦地去找寻其中隐含的秘密。那么这幅《清明上河图》究竟画了什么?它到底有什么神奇之处呢?

《清明上河图》细致描绘了北宋都城东京(又称汴京,今河南开封)的热闹景象。画中细致生动描绘的人物就有800

张择端

张择端,字正道,琅琊东武(今山东诸城)人,北宋绘画大师。宋徽宗时供职翰林图画院,擅长画楼观、屋宇、林木、人物等。存世作品有《清明上河图》《金明池争标图》等,为古代的艺术珍品。

清院本中有结婚、戏台、船上生活、耍猴戏、虹桥、校场、饭馆、走索、小儿科、荡秋千、书画摊、画家、学堂、比武和鹿苑等丰富情节,引人入胜。

清院本《清明上河图》由清宫画院的陈枚、孙祜、金昆、戴洪、程志道五位画家于1736年(乾隆元年)共同完成,是清廷画师以各朝仿本为蓝本、集各家所长完成之作品,内容上增加了明清时踏青、表演等风俗活动,现存于台北"故宫博物院"。

多个，几乎涵盖了当时社会的各个阶层与行当，权贵、行人、商人、拉车的轿夫、说书的艺人、理发匠、医生、工人、乞丐，以及妇女、小孩，每个人物都有不同的动作和神态；各种动物有70多个，包括背着货物的骆驼、拉车的驴子和牛、乱跑的猪……当时汴京的城市人口近百万，100多万斤的口粮就靠汴河、蔡河进行漕运，把粮食从苏州等主产区运过来。汴河居北，处上位，故称上河。

那么"清明"又是什么意思呢？是指的清明时节的景色吗？画中确实有春寒料峭时节汴京近郊的风景：河岸两旁柳树成排，在柳树的掩映下一队人马踏青归来，这种景致多出

汴京坚固的城墙，城楼两层，重檐歇山顶，二层带外廊，城门外设有大栅栏。

汴河是北宋漕运的枢纽，每年有几千艘漕船在江淮与汴京之间穿梭，另外还有客船、客货船、一般货船、游船、做散活的小船等船只，船员、船主、搬运工人、商人、旅客各具形态，呈现出当时繁荣的景象。

现在农历三四月间,与清明时节相近。可是,再仔细一看,画里如此丰富热闹的场景中却唯独没有清明节祭奠的情景。更奇怪的是,街上有人卖西瓜,而且画面上有酒肆多处,酒旗上写着"新酒"二字,而北宋时期汴京城店家一般是在中秋节前开始售卖新酒的;画面上还有一行驶着木炭缓缓而行的毛驴,汴京城是以烧煤为主,临近冬天才准备烤火用的木炭。所有这些细节提示着,画中的时间似乎并非清明时节。

正因为如此,"清明"的意思在历史学家之中也并未达成统一。有的历史学家认为,"清明"就是清明节。有的则认为由于张择端创作的时间历经数年,开始画的是春天,画

清明上河图

北宋张择端作,宽24.8厘米,长528.7厘米,是一幅具有重要历史价值的风俗长卷。画家成功描绘出汴京城内及近郊社会各阶层的生活景象,开中国都市风俗画的先河之作,被称为"天下第一奇画"。现藏于北京故宫博物院。

"河上架桥,桥上建廊,以廊护桥,桥廊一体"的木拱廊桥,是中国桥梁在世界桥梁史上的独特构造。这种桥看起来像彩虹一样,所以又称虹桥和虹梁式木构廊屋桥。北宋之后木拱桥几乎绝迹,拱桥基本上都是石拱桥,而不再是木制的,后世仿作也多画为石桥。

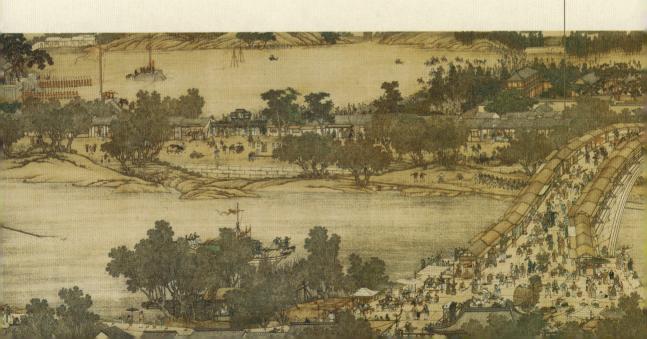

着画着就画到秋天去了,所以画中既有春景也有秋景。也有的历史学家认为"清明"并不是指节日,而是指政治清明、太平盛世的意思。

那么当时的北宋是不是正值太平盛世呢?

《清明上河图》里的汴京虽然一片繁华,可是我们再仔细看看,在汴京城里,有衣衫不整的小孩在乞讨;在城墙上,几乎看不见守卫的士兵;更奇怪的是,把管整个都城防火的望火楼竟然也没有兵丁站岗,楼下还改造成了酒肉饭铺;城中巡逻的兵卒都懒洋洋地蹲在衙门口,晒起了太阳。张择端在画里留下了这样格格不入的奇怪景象,又是为什么呢?

原来,北宋末年,朝廷奸臣扰乱朝政,而辽国和西夏也对北宋虎视眈眈,但北宋的国力却日渐衰败。因此,有些历史学家猜测,正是因为看见国家的日渐衰落,张择端才想借此让宋徽宗有所警醒。

这真是一幅伟大的图画里隐藏着的美好愿望啊！可惜的是，或许宋徽宗始终没能看透《清明上河图》所隐含的寓意，1126年（宋靖康元年），金国的军队攻入疏于防守的汴京，曾经高高在上的宋徽宗也被金国士兵俘虏，北宋的统治在1127年画上了句号。

那么现在收藏在北京故宫博物院的《清明上河图》又是不是最初张择端画的那一幅呢？

最早有明确记载的仿本，就是画卷后面杨准的跋文中提到的装裱师傅以仿本偷梁换柱，将《清明上河图》盗出宫外。（据杨准跋文："图初留秘府，后为官匠装池者，以似本易去。"）后来，经两人转手，《清明上河图》落入客居北京的杨准手中。杨准得画后返回家乡，重新装裱此画，并且在画后续写跋文，记载了得画的经过。

到了明代，《清明上河图》有近200年的时间流落民间，

当时的仿制品就更多了。在清朝雍正年间，和硕宝亲王弘历，也就是后来的乾隆皇帝曾经得到过与《清明上河图》原作接近的仿品。他似乎对这件仿品不太满意，决定再造一幅更完美的《清明上河图》。于是，他组织了五位画家，对画作进行了临摹创新。新的《清明上河图》画面清晰，色彩艳丽。这幅画现在收藏于台北"故宫博物院"，称为"清院本"。清院本的篇幅比真本长出了近一倍。

可是，就在新的《清明上河图》绘制完成几十年后，嘉庆皇帝偶然获得了张择端珍本的《清明上河图》，嘉庆请来太上皇乾隆鉴别，原来这才是最初的珍品。于是他们就在张择端真迹画卷的开头盖上"石渠宝笈"和"宝笈三编"两个印章，今天北京故宫博物院藏本的《清明上河图》又称为"石渠宝笈三编本"，被专家们认定为张择端原作。

可见，《清明上河图》还有很多"兄弟姐妹"仿制品呢。有人统计，世界各地的博物馆中共收藏了37幅《清明上河图》，北京收藏了6幅宋朝至清朝的画卷，其中故宫博物院收藏的一幅是张择端的真本。沈阳收藏2幅，其中1幅是仇英绘的正本；台北收藏10幅，其中1幅是乾隆朝绘的院本。而日本收藏了11幅，美国收藏了6幅，荷兰、法国各收藏1幅。

2000年时，北京故宫博物院举办了一场"《清明上河图》特展"，一口气同时呈现了7件藏品，一时轰动世界，也充分说明了这幅奇画的持久艺术魅力。

"金瓯永固"杯是谁设计的

1796年元旦（农历正月初一）凌晨，紫禁城外爆竹声此起彼伏，人们还沉浸在一片欢腾之中。而在紫禁城内，已经虚岁86岁的乾隆皇帝却有些失眠，他索性早早起了床。

因为再过几个时辰，执政60年的乾隆皇帝便要禅位，他的儿子将成为新皇帝，而他也要成为太上皇。

在禅位仪式举行之前，乾隆还要参加一个新春仪式——元旦开笔。元旦开笔是紫禁城里迎接新年的重要活动。小读者们或许也会在新年和大人们一起写大字，贴春联，为自己的家人送上新年的祝福，皇帝们也要在新年为全天下的百姓送上祝福。

这项活动是从乾隆的父亲雍正皇帝开始的，这之后的皇帝每年都要在这一天举行"元旦开笔"仪式，皇帝都会早早地起床，穿上庄严的龙袍，来到养心殿东暖阁中，在纸上写下吉祥话，喝下屠苏酒，寓意新一年国泰民安，五谷丰登。

宫里的太监们丝毫不敢怠慢，他们在养心殿东暖阁的案几上放好纸笔，还在旁边端端正正地摆放上一只做工精致的酒杯——"金瓯永固"杯，在杯中倒满屠苏酒。

乾隆皇帝起床洗漱后，来到养心殿东暖阁临窗处，研墨开笔。他心中默默地祈祷新一年国泰平安，再用他苍老的手

金瓯

瓯是古代器具，类似盆、盂。古人用金瓯寓意国家政权，如《南史·朱异传》："我国家犹若金瓯，无一伤缺。"清朝皇帝将专用酒杯取名"金瓯永固"，反映清朝统治者希望永固政权，达到"大清一统万年"的目的。

拿起毛笔，写下"三阳启泰""万象更新"等祝福语。

写完祝福语后，他将"金瓯永固"杯中的屠苏酒一饮而尽。这个精致的杯子上，镌（juān）着四个篆书文字："金瓯永固"，这表达了皇帝希望领土永固、政权永固的美好梦想，代表着皇帝对政权稳定的期望。

现在北京故宫博物院里，就收藏有一只"金瓯永固"杯。这只杯子原镶点翠大部分已脱落，所以浑身都是金色的，大大小小的珍珠、红色和蓝色的宝石装点着杯身。而杯子的把手，是两只小龙，小龙的脑袋上还顶着一颗小珍珠，小龙就像想努力地爬进杯子里似的，这寓意着国家蒸蒸日上。

而杯子的底部有三条"腿"，仔细一看，这三条"腿"

宝贝档案

"金瓯永固"杯

清乾隆金嵌宝"金瓯永固"杯，高12.5厘米，口径8厘米。杯金质，鼎式，圆形，直口。一面中部錾篆书"金瓯永固"，一面錾"乾隆年制"四字款。外壁满錾宝相花，花蕊以珍珠及红、蓝宝石为主。两侧各有一变形龙耳，龙头上有珠。三足为象首式，象耳略小，长牙卷鼻，额顶及双目间亦嵌珠宝。现收藏于北京故宫博物院的"金瓯永固"杯为清嘉庆二年造。另有一只金质乾隆年造的收藏于台北"故宫博物院"，一只金质乾隆年造、一只铜鎏金乾隆年造的收藏于伦敦华莱士博物馆。

竟然是大象的脑袋,大象有着扇子一样的耳朵,三条长长的鼻子支撑起了整个杯子。古时候,"吉象"谐音"吉祥",寓意着吉祥太平。

那么,今天我们看到的这么精美的"金瓯永固"杯到底是谁设计的呢?或许你不会猜到,它的"设计师"竟然是乾隆皇帝。

1797年,太上皇乾隆已经是一位白发苍苍的老人。这一年,乾隆觉得原本的"金瓯永固"杯已经有些破旧,于是下令让造办处制造一只新的。

对于制作"金瓯永固"杯,乾隆可是煞费苦心,而工匠们也是费尽了心机。乾隆让造办处到内库领取黄金、珍珠、红宝石、蓝宝石、碧玺。

在开始每个部分的制作之前,工匠们还要将设计的图样上交给乾隆,乾隆如果不满意,工匠们便还要绞尽脑汁地再设计出新的图样让乾隆过目。直到乾隆满意,工匠们才能开始制作,再三修改之后才制成了这只精美绝伦的杯子,这精美的杯子也作为开笔仪式的重要物品,被后来的几位皇帝沿袭相传,视为珍贵的宝贝。

世界上最大的百科全书

1402年，当上了皇帝的朱棣十分努力，常常起早贪黑地工作。可是，高高在上的皇帝也常遇到难题，古时候没有电脑，想要找资料只能翻看一本本厚厚的图书，很不方便。

一天，朱棣翻阅着图书，他皱着眉头想，想要在千百本书里找资料，如同大海捞针啊，为什么不编纂一本将各类书籍内容分门别类、包罗万象的百科全书呢？

他很快便找来当时最有学问的大才子——翰林学士解缙来帮他编修这本百科全书。解缙鼓足干劲编修了整整一年，便把百科全书交到了朱棣手上。朱棣却觉得书籍过于简略，内容大多是儒家经典。

他摇了摇头，命令太子少师姚广孝等与解缙继续共同编修百科全书。为了征集书籍，姚广孝不辞劳苦，到平民百姓中寻找书籍。全国编修百科全书的"编辑"最后竟然达到3000人之多。他们将找到的各类书籍内容分门别类地伏案抄写，整整花了五年，才完成了百科全书的编纂。由于明成祖朱棣年号"永乐"，故该书取名为《永乐大典》。

那么《永乐大典》到底有多大呢？据统计，《永乐大典》有整整11095册，3.7亿多字，是世界上最大的百科全书。

1557年农历四月，皇宫里起了一场大火。这场大火差点

宝贝档案

《永乐大典》

《永乐大典》于1407年（明永乐五年）完成，收国内各种书籍，分类编纂为22877卷，共11095册，3.7亿多字。《不列颠百科全书》在"百科全书"条目中称《永乐大典》为"世界有史以来最大的百科全书"。

儿毁掉了这部巨作,如果不是人们抢救及时,《永乐大典》就可能被熊熊大火吞噬了。虽然《永乐大典》逃过一劫,但嘉靖皇帝仍然心有余悸。于是他便下旨将《永乐大典》重新抄一遍。人们又整整花了好几年的时间,才将《永乐大典》完完整整地誊(téng)抄了一遍。

这份誊抄的《永乐大典》在内容、格式、装帧方面与原来那本一模一样,为了区别,人们把原来的那部称为正本,把嘉靖年间的重录本称为副本。这样一来,这件国宝就像有了"孪生兄弟"。

然而,到了明朝末年,战火纷飞,皇宫里的人们根本没精力好好照顾《永乐大典》。《永乐大典》的正本和副本,竟然也在这时神秘失踪了,没人能说清楚它们到了哪里。

直到清朝康熙年间,《永乐大典》竟然又"莫名其妙"地出现了。一天,大臣们在皇史宬里整理书籍,他们偶然地瞥见了书堆中的几本书,他们再仔细一看,发现这堆书竟然就是《永乐大典》的嘉靖副本。可经过清点之后才发现,这堆《永乐大典》的副本已经残缺,许多书卷都找不到了。

后来,《四库全书》编成,《永乐大典》就像被遗忘了似的,被继续留在了翰林院。从清咸丰年间开始,由于缺少监管,在翰林院上班的大臣们更肆无忌惮地将一本本《永乐大典》残卷夹在包裹里偷走了。有的被据为己有,有的被当成宝贝卖给了外国人。到了光绪十八年,人们再清点《永乐大典》时才惊觉,10000多册的《永乐大典》只剩下800多

皇史宬

皇史宬(chéng,古代用于藏书的屋子)是明清两代的皇家档案馆,又称"表章库",位于天安门东侧南池子大街南口。殿内大厅无梁无柱,地面筑有1.42米高的石台,上面排列150多个樟木柜,叫"金柜",金柜外面包着雕龙铜皮,保存着大量珍贵档案文献。

册了。而到了清朝末年，八国联军入侵中国，部分《永乐大典》卷册又落入了外国侵略者手里，消失在战乱之中。

现在，《永乐大典》零零星星地散落在九个国家和地区，能够找到的《永乐大典》只剩下400册左右，这还不到原本的4%，大部分的《永乐大典》都神秘地消失不见了。人们惋惜之余，也很好奇《永乐大典》的正本究竟去了哪里。

历史学家们埋头研究，纷纷提出了自己的意见。有人认为，在明朝灭亡的时候，文渊阁被焚烧，收藏在这里的《永乐大典》很可能在这个时候被焚烧掉了。也有人说，由于明世宗嘉靖皇帝非常喜欢《永乐大典》，他去世后，《永乐大典》变成了陪葬品被埋在陵墓之中。

然而，《永乐大典》正本消失的真正原因，最终成为历史上的一桩未解之谜，或许正在等待小读者们去破解呢。

一封难以破译的书信

1941年，上海滩出了一个大新闻，著名的收藏家、书画家张伯驹居然被绑架了！

绑匪威胁张家人拿出200万大洋的赎金，这些钱在当时能买下好多座大房子了。可是绑匪明明知道张家人没有这么多现金，为什么还会索要这么庞大的金额呢？他们的意图究竟是什么？

原来，此时的上海已被日本人占领，狡猾的绑匪其实是和上海警署以及日本特务分子勾结在一起的坏人，他们盯上了张伯驹收藏的字画古玩。

要知道，张伯驹手里的一些字画，在当时随便出售一张都得值几十万大洋。可是他的家人知道，这些字画都是张伯驹的心头宝贝，也是国家的宝贝，万万不可随意卖掉。

在这些字画中，有一件《平复帖》，是张伯驹几经周折，从清皇室的后人溥儒手中购买的。他极其喜爱，几乎是形影不离，即使朋友想要看一眼都不行。

日本人对这件著名作品也是垂涎三尺，多次要强行购买。但张伯驹不为所动，他说："金钱易得，国宝难求。我中华文化之宝既已到了我的手里，就万万不会流入异邦他人之手。"

张伯驹的家人虽然心急如焚，却也不敢违背张伯驹的意

法帖

中国书法艺术载体之一。在纸张发明之前，古人将文字书写在竹片或木片上称作简牍或简书；此外，古人还常常把文字书写在丝织品上，称为帖。唐宋时期，中国书法发达，人们慢慢将历代名家书法墨迹镌刻在石头或木板上，然后拓成墨本，装裱成卷册，作为学习书法的范本，称"法帖"。

思，只好和绑匪谈判，双方整整谈判了8个月，备受折磨的张伯驹才被救了出来。《平复帖》等珍贵字画，一幅也没有流入日本人手中。

1956年，张伯驹、潘素夫妇无私地将《平复帖》这件稀世珍宝和其他文物一起捐献给了国家。这幅《平复帖》有什么魔力，为何让张伯驹宁愿赔上性命也不肯卖掉呢？

原来，《平复帖》是1700多年前的一封问候友人的信，被现代人誉为"天下第一帖"，是现存年代最早并真实可信的西晋名家法帖，是用秃笔写在麻纸上的。

这件名帖只有手绢一样的大小，是西晋书法家陆机的作品。上面一共写了86个字，其中两个字因为纸张损坏脱落了，现在能看到的有84个字。这些字看起来就像一条条黑色的小蛇，爬在了纸上。在这些"小蛇"的两侧，还盖满了不同年代的印章。其中的两个印章，居然还是宋代的皇帝宋徽宗留下的。

书法家们把"小蛇"的字体称为草隶书，赞扬它的简洁、质朴。虽然《平复帖》的字体漂亮，但1700多年来，人们对

《平复帖》

《平复帖》是晋代文学家、书法家陆机创作的草隶书法作品，牙色麻纸本墨迹。《平复帖》共9行、86字，是陆机写给友人的信件，因其中有"恐难平复"字样，故名。现收藏于北京故宫博物院。

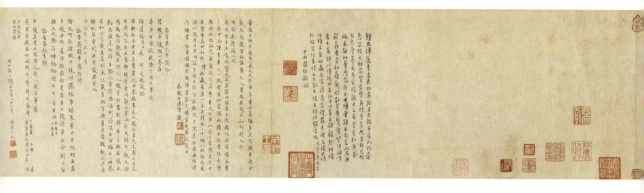

陆机到底在《平复帖》中写了什么，却是众说纷纭，这些字就像被狂风吹过一样，难以辨识。许多文人墨客试图解读，却没有一人能够读懂全文。

明代的收藏家张丑就曾得到《平复帖》，见多识广的他每天目不转睛地盯着《平复帖》，细心研究，最终也只读懂了其中的14个字。而对中国文化历史有着深入研究的日本学者梅园方竹也无法破译《平复帖》的秘密。《平复帖》里的字就像神秘古老的符号，很多人看了都要摇摇脑袋表示不解。

20世纪60年代，著名书法家启功和同为专家的朋友徐邦达仔仔细细地研究《平复帖》，把"小蛇"一样的字破译了出来，成为大家目前普遍接受的译文。

谜底揭晓之后，人们才发现，《平复帖》里的内容并不神秘，更不是什么宝藏密码，而是陆机写给朋友贺循的一封信。贺循体弱多病，于是陆机写信问候。陆机在信中说贺循能够维持现在的状况，值得庆贺，而身边还有孩子服侍，可以不必忧虑。

陆机是什么样的人？

陆机的父亲是东吴有名的将军陆抗。然而在陆机20岁那年，东吴灭亡。面对国家灭亡，陆机和弟弟待在了家乡华亭，闭门读书整整10年。而到了29岁那年，陆机和弟弟离开家乡一路往北来到了洛阳。到了洛阳之后，陆机继续努力学习，成为西晋时期著名的文学家。

大禹怎么跑到石头上了

在清朝乾隆年间的一天，有人在新疆和田的密勒塔山中发现了一块巨大的玉石。这块玉石可是玉石中的大胖子，它浑身色泽青绿，就像穿着绿色的薄纱似的。"体重"有整整6吨呢！

这消息很快传到乾隆皇帝的耳朵里。乾隆皇帝可是个不折不扣的"玉石达人"。如此巨大的玉石，让他迫不及待地想看看，于是他让人快马加鞭地跑到新疆，命令新疆当地官员以最快的速度把玉石送到紫禁城。

可是，当官员们亲眼看见这块"玉石胖子"时，却纷纷皱起了眉头。要知道，在古代，人们并不像现在一样有运货的汽车、飞机，这块6吨的玉石该如何送到万里之外的北京呢？

人们只好请来了马匹当帮手。工人们先为大玉石制造了一辆特大的"专属座驾"，然后再同心协力把玉石放在"专属座驾"上。为了能让大车动起来，押运官员指挥马夫驱赶100多匹强壮的骏马在前面拉车，再安排上千名工人在后面弯着腰推车。他们一路辛苦奔波，冬天的时候就把水泼在路上，等路面结冰后拽着大车前行，每天前进五六里，走了三四年，才把这位玉石"大胖子"运到北京。

与此同时，宫里的大臣们也没有闲着，他们想：乾隆

玉山子

玉山子为圆雕山林景观，制作时先绘平面图，再行雕琢，因而又常以图命名。传统玉山子主要表现山水、人物、楼阁等内容，包括吉祥、山水等题材。

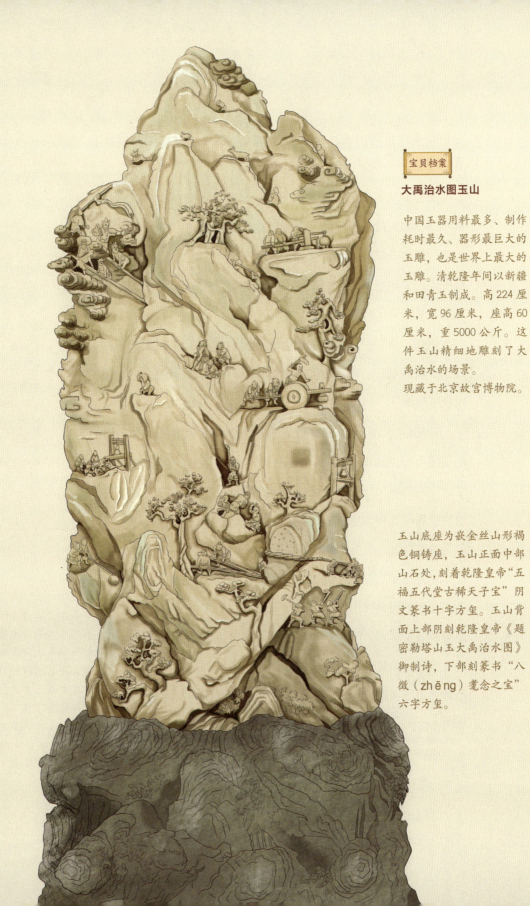

宝贝档案

大禹治水图玉山

中国玉器用料最多、制作耗时最久、器形最巨大的玉雕,也是世界上最大的玉雕。清乾隆年间以新疆和田青玉制成。高224厘米,宽96厘米,座高60厘米,重5000公斤。这件玉山精细地雕刻了大禹治水的场景。
现藏于北京故宫博物院。

玉山底座为嵌金丝山形褐色铜铸座,玉山正面中部山石处,刻着乾隆皇帝"五福五代堂古稀天子宝"阴文篆书十字方玺。玉山背面上部阴刻乾隆皇帝《题密勒塔山玉大禹治水图》御制诗,下部刻篆书"八徵(zhēng)耄念之宝"六字方玺。

皇帝最喜欢玉雕，该怎样雕刻这块大玉石才能让乾隆皇帝开心呢？

　　大臣们知道，乾隆皇帝不仅喜欢玉雕，还很喜欢字画。其中，一幅宋代人所画的《大禹治水图》便深得乾隆皇帝的喜爱，但由于年代久远，这幅画已经有点儿残破了。他们灵机一动，如果把《大禹治水图》雕刻在大玉石上，不就能永远地把图画保存起来了吗？

　　于是，负责设计玉雕的造办处便照着《大禹治水图》画好了玉雕的纸样，还拿给了乾隆皇帝过目，果然，乾隆皇帝对纸样很满意，命令工匠们开始雕刻大玉石。

　　要把一块"胖胖"的大玉石，变成雕刻着《大禹治水图》的玉雕可一点儿也不容易，工匠们起早贪黑地雕刻，整整花了六年的时间，才把玉石雕刻完成，堪称稀世珍宝。前前后后，这件玉器从选材到完工，花费了十几年的时间，花费的金钱更是不计其数。

　　这座玉山有两米多高，站到跟前都看不清它的全貌。在玉石上，不但有崇山峻岭，还有一泻而下的瀑布，山岭之间还有古老的树木。就在悬崖峭壁间，还可以看见诸多劳动者的身影——首领大禹带领着百姓们在峭壁间开凿大山，有的百姓拿着锤子敲打着大山；有的拿着镐刨开凿；有的用杠杆捶击山体。

　　或许，乾隆皇帝也希望自己能像大禹一样流芳百世，所以才让工匠把大禹治水的故事雕刻在玉石上。

传说，上古时期人们饱受黄河水患之苦，大禹率领民众与洪水斗争。为了治水，大禹花了13年走遍全国，开山凿石，疏通江河，治服了滔滔洪水。大禹成了百姓心目中的英雄。

玉山以皇宫内府收藏的宋人《大禹治水图》画轴为稿本，由造办处画出大禹治水纸样，由画匠在大玉上临画，再做成木样发往扬州，玉山由扬州工匠雕凿制成玉山子，花费六年时间雕刻而成，安放在宁寿宫乐寿堂内。

后人无法复制的神奇杯子

1956年，一家古玩店的老板孙瀛洲，将自己精心收藏的3000多件文物宝贝全部捐给故宫博物院。这件事情可是震惊了收藏界，原来这位大方的老板可不是普通的古董商，他是一位著名的陶瓷专家，被人们誉为"老法师""宣德大王"，他手里的宝贝，很多都是稀世珍宝。

你知道这些宝贝里面，最珍贵的宝贝是哪一件吗？原来是一对小小的杯子，名叫"成化斗彩三秋杯"！

成化斗彩三秋杯产自明代成化年间，是景德镇御窑厂为皇宫烧制的。这对小瓷杯子看起来十分小巧，高度只有4.3厘米，口径6.8厘米，比我们平时喝水的杯子小多了。

令人惊奇的是，它的杯身极薄，厚度就像蝉的翅膀一样。由于杯子上面描绘的是秋天庭院或花园中的景色，充满自然气息和生活情趣，又因为秋季有三个月的时间，所以称它为"三秋杯"。

明成化五彩鸡缸杯

宝贝档案

成化斗彩三秋杯

明代宪宗成化御窑烧造，高4.3厘米，口径6.8厘米，足径2.6厘米。由于杯上描绘的是秋天的乡居野景，而历时三月的秋季又有"三秋"之称，因此这种瓷杯被赋予了"三秋杯"的名字。现藏于北京故宫博物院。

更神奇的是，直到今天，人们甚至掌握了克隆动物的技术，却依然无法复制一对新的成化斗彩三秋杯。这是为什么呢？

原来，秘密藏在杯子上的一个小小瑕疵上。

在这个小杯子上，画着几只小蝴蝶，它们在兰花、小草和山石间翩翩起舞，蝴蝶挥动着翅膀，似乎随时都要飞走似的。再仔细看看，小蝴蝶的翅膀是浓浓的紫色，而且不带有光泽，就像是我们用深紫色水彩笔画画时留下的颜色，这是成化斗彩独有的。

当时的人们把这种颜色称为"差紫"，这其实是一种烧制时造成的小瑕疵。烧制杯子的工匠们没有现代的科技知识，他们对颜色的配料还没有完全清楚，因此才形成了"差紫"这种颜色。

后来，人们制造瓷器的水平提高了，对颜色的配料也更加熟悉，但想尽办法也仿造不出同样的颜色。因此，正是这个小瑕疵，让成化斗彩三秋杯成了绝品。

另外，由于杯子是由景德镇的麻仓土烧制而成的，麻仓土本身微微带点儿黄色，因此杯子的"身体"也染上了黄色。而可惜的是，麻仓土在明朝弘治初年便已经被用光，再想用麻仓土烧制瓷器已经不可能了。

在这杯子的底部，还有"大明成化年制"六个字，代表三秋杯是明代成化年间所制造的。这几个大字整整齐齐，还有点儿幼稚，就像小孩子在描红本上描的字体。到底是谁这么"大胆"在国宝上写字呢？有些学者推测这是明宪宗成化

成化御窑瓷器

成化是明朝第八位皇帝明宪宗朱见深的年号，自1465年至1487年，共使用23年。明成化时期是中国陶瓷发展史上的重要时期。在此时期，景德镇御窑厂烧造的瓷器数量大，品种多，独具一格，对后来瓷器烧造产生了深远影响，受到文人雅士极力推崇。

帝亲笔写下的,但也还没确定。

那么,"斗彩"是什么意思呢?它指的是成化年间色彩缤纷、像在争奇斗艳的瓷器。

而"斗彩"的发展,竟然还与明宪宗成化帝有关。成化帝从小饱受磨难,还曾经目睹父皇在战争中被俘,童年的阴影让成化帝变得胆小懦弱,即使当上了皇帝,仍终日和宫女们闹在一起,还特别喜欢和万贵妃待在一起。有人推测,景德镇御窑厂为了迎合皇帝和贵妃的喜好,便烧制出了造型秀气、色彩浓艳的斗彩瓷器。

五彩甜瓜壶

虽然明宪宗做皇帝并不怎么认真,但他对瓷器却有着很高的要求,甚至还亲自跑到窑厂里"监工"。据说如果成化帝要四件瓷器,那景德镇御窑厂的工匠们,便要不辞劳苦地烧制出100件一样的瓷器,再从中选出四件最好的进贡给成化帝,而其他的"残次品",便会被一一砸碎。

也正是因为如此,目前存世的成化斗彩三秋杯极为罕见,至今谁都无法再烧制出一模一样的一对了!

明成化五彩草虫小杯

宫里的稀世珍宝 | 29

穿了15件彩衣的大瓶子

古时候,皇宫里没有电视,也没有电脑游戏,皇帝和皇子们在闲暇时都会玩些什么呢?

乾隆25岁那年登基当了皇帝,他可是个玩心很重的年轻人,他的"玩具"不是娃娃也不是小轿车,而是各种书画和古玩珍宝,要说他最喜欢的"玩具"种类之一,那肯定是瓷器啦。

就算是走出皇宫巡视,乾隆也念念不忘他的瓷器。他命人将瓷器放在轿子里,一边赶路一边欣赏。有时,他在书房里灵感一来,写了几首诗,也会马上命人将诗送到御窑厂,让工匠们把诗烧制在瓷器上。

乾隆皇帝把瓷器当成了自己形影不离的宝贝,他对瓷器的要求可是非常高的,不允许到手的瓷器有一点儿瑕疵。

乾隆皇帝的"玩具"不但有专人制造,还有专门为皇帝服务的"玩具"工厂呢。这个"玩具"工厂,便是景德镇御窑厂。

那时候御窑厂的督陶官是一个叫唐英的人。为了烧制出让皇帝满意的瓷器,唐英几乎天天变着法研究怎么才能设计出别具一格的瓷器。

当然,唐英这个"玩具设计师"可是非常厉害的,在无数次试验后,他带领着御窑厂烧制了一件无比奇妙精美的宝

釉彩

釉彩是一种玻璃体与晶体的混合层,釉是附着于陶瓷坯体表面的一种连续的玻璃质层。瓷器釉彩种类繁多,有釉上彩、釉下彩、青釉等。

贝瓷器——各种釉彩大瓶。

　　这件瓷器的烧制技术简直称得上"鬼斧神工",它将各种高温、低温釉彩汇集一身,令人赞叹不已,有"瓷母"的美称,真是一件独一无二的宝贝。

　　想想看,在白纸上用彩笔画上 15 种颜色是不是简单?但是,要在瓶子上画上 15 种釉彩可就困难啦。因为这 15 种颜色可不是画出来的,而是要经过火烧才能烧出来的!

　　要知道,不同的釉彩"脾气"还不一样呢,有的"釉彩"喜欢高温,有的喜欢低温。"大瓶子"的第七次烧制是要烧制出一种深红色,这是一种高温铜红釉,这种釉只有在 1250°C—1280°C 之间才能被烧得好看,温度一旦高一点儿,它就会"赌气"变成别的颜色,脾气大着呢。

　　这个漂亮的瓶子,还不仅仅是颜色丰富这么简单。在瓶子的"肚子"上还有 12 幅寓意吉祥的图画呢。这 12 幅图画代表着不同的寓意,比如,其中一幅画着三只羊,羊站在大树下,天空还高挂着红色的太阳,这幅画寓意着三阳开泰,有好事降临。

　　还有一幅画,画着一只站在树上的凤凰,凤凰的尾巴长长的,五彩缤纷的花朵包围着它。凤凰没有看美丽的鲜花,而是呆呆地望着天空,这幅画寓意着丹凤朝阳,也就是有才华的人得到赏识的意思。

　　当然,里面的画不是都那么复杂,其中有一半画的是

各种釉彩大瓶的"个头"高 86.4 厘米,就像一个穿了花衣裳的大瓶子,青色、红色、黄色、蓝色的釉彩都跑到了瓶子上。从上到下仔细数一数,上面一共有 15 种不同的釉彩,包括珐琅彩、洋彩、仿哥釉、松石绿釉、窑变釉、斗彩、粉青釉、霁蓝釉、仿官釉、粉彩、珊瑚红釉、仿汝釉、酱釉等釉彩。

宫里的稀世珍宝 | 31

宝贝档案

清乾隆各种釉彩大瓶

清乾隆年间景德镇御窑烧造，瓶高86.4厘米，口径27.4厘米，足径33厘米。器身自上而下装饰的釉彩达15层之多。各种釉彩大瓶，集各种高温、低温釉彩于一身，素有"瓷母"之美称，集中体现了当时高超的制瓷技艺，现藏于北京故宫博物院。

一个个小图案，它们画着"卍"（wàn）字、蝙蝠、如意、蟠螭、灵芝、花卉，寓意着"万""福""如意""辟邪""长寿""富贵"。

这件五彩缤纷的各种釉彩大瓶被收藏在北京故宫博物院里，人们以为全世界就这一件啦。可2014年9月，在美国波士顿的一个拍卖会上却出现了它的"双胞胎兄弟"。在这场拍卖会上，有一件被称为"清朝乾隆年间大瓷瓶"的瓶子最终被人以约1.51亿元的高价买走。

这件上亿元的大瓶子很快便引起了人们的关注，人们纷纷猜测：这件大瓷瓶，真的是乾隆年间制造的吗？不少文物专家看了之后，都觉得这件大瓷瓶是真的。

但这也引发人们更多的好奇，究竟美国拍卖会上的大瓷瓶和故宫博物院里的各种釉彩大瓶是不是一对"双胞胎"？而这件大瓷瓶又是怎么跑到美国去的呢？世界上还有其他相似的瓷瓶子吗？这些问题把文物专家也考倒了，至今仍是未解之谜。

一间小屋里的秘密

和皇帝的家相比,普通人的房子都小到像蚂蚁窝一样。但乾隆皇帝却常常对他的大房子"视而不见",反而喜欢躲在一间只有8平方米的小屋子里。

到底是哪一间小屋子会让乾隆皇帝如此喜欢呢?

原来这间小屋子就是位于养心殿里的三希堂。它小到只能容得下皇帝一个人,就连屋子墙壁上的瓷瓶都比别处要小。

冬天,比起宽敞的宫殿,小小的三希堂十分暖和,是乾隆皇帝的"秘密小天地"。其实,它是乾隆皇帝的书房。乾隆皇帝不但皇帝当得好,还是个博学多才的文人,擅长诗词和书法。这间屋子里真正让乾隆皇帝流连忘返的,其实是三希堂"肚子"里装着的三件宝贝。

这三件宝贝,分别是《快雪时晴帖》《中秋帖》和《伯远帖》。

三希帖

三希堂专门用于珍藏王羲之《快雪时晴帖》、王献之《中秋帖》、王珣《伯远帖》,三幅名帖统称为"三希帖"。现王献之的《中秋帖》和王珣的《伯远帖》收藏于北京故宫博物院。而王羲之的《快雪时晴帖》收藏于台北"故宫博物院"。

到了冬季，乾隆便会躲在三希堂里，一边看着窗外的白雪，一边欣赏着他的宝贝。

1000多年前，王羲之看到冬季的大雪终于过去，天空渐渐放晴，心情愉快，于是便拿起笔洋洋洒洒地在纸上写下了28个字给朋友"山阴张侯"。或许是因为王羲之心情好，《快雪时晴帖》上的字就像是一条条跳舞的龙，乾隆皇帝看了也很喜欢，还不时亲自提笔在书册内题上心得。

乾隆手中的《中秋帖》的字，相传是宋人从王献之的《十二月割帖》摘写下来的。帖上的文字就像手拉着手似的，都连在了一起。人们猜想，作者在写字的时候，并不是一个字一个字地写，而是将几个单字一笔写成，人们把这种写法称为"一笔草"。

三希堂还有一个宝贝《伯远帖》，乾隆皇帝也非常喜爱。他直接在卷前引首写下"江左风华"四个大字，还亲自题字："唐人真迹已不可多得，况晋人耶。"《伯远帖》是晋代书法家王珣问候亲友的一封信。《伯远帖》和陆机《平复帖》是现今仅存的两件晋代名人法书。

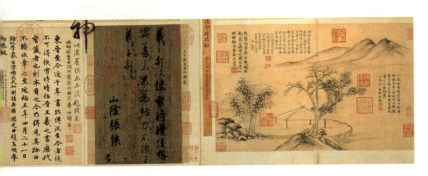

东晋 王羲之《快雪时晴帖》局部

乾隆皇帝酷爱书画，经常在三希堂内欣赏这三件稀世珍宝和历代书帖、名画，并题写诗词和跋语，还特别镌刻几方"三希堂"印玺，在欣赏后于书画上印下，表示经过御览的款识。

乾隆皇帝写的《三希堂记》挂在内间的北墙上，其中讲了易名为"三希堂"的原因："内府秘笈王羲之《快雪帖》、王献之《中秋帖》，近又得王珣《伯远帖》，皆希世之珍也。因就养心殿温室，易其名曰'三希堂'以藏之。"

三希堂原名"温室"，是皇帝看书写字的地方。清乾隆十一年（1746年）才改名为"三希堂"。乾隆皇帝写了"三希堂"匾及上书"怀抱观古今，深心托豪素"的对联，挂在三希堂内间近窗的东墙上。

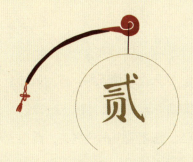

贰

皇帝是个玩具迷

皇帝也喜欢看星星吗

　　1760年，清乾隆二十五年，钦天监观测天象，推测第二年正月初一有"日月同升，五星联珠"天文异象，是一个祥瑞。于是钦天监赶紧禀报了乾隆皇帝，乾隆皇帝十分高兴，命令画院的画家徐扬好好地描绘下这种奇特的天象景象。

　　古时候，人们对天上闪烁的星星产生了兴趣。到了晚上，古人便会仰着头用肉眼观察天上的星星。可是，用眼睛看星星可不怎么精确，人们为此想了很多办法。

　　后来，人们发明了一种神奇的仪器，这可是我们中华民族古老的天空观察仪器，它的名字叫"天球仪"，古代称其为"浑象"。据记载，我国第一台浑象是西汉天文学家耿寿昌制造的。东汉著名的天文学家张衡制造的水运浑天仪主体也是浑象。

　　有了天球仪，古人就能够在上面直观地找到日月星辰对应的位置，掌握它们的运动规律了。在两千多年的历史中，天球仪经过了多次改进，但基本保持着最开始的基础结构，直到现在对天文学习和航海、大地测量都有参考呢。

　　不但普通百姓喜欢看着满天星星，就连皇宫里的皇帝也喜欢在黑夜中看像宝石一样的星星。乾隆皇帝就命人制作了一件闪耀着黄金光芒的天球仪——金嵌珍珠天球仪，这座天

宝贝档案

金嵌珍珠天球仪

清代乾隆年间内务府造办处制作的天体模型。球径29.5厘米,架高61.5厘米。
天球仪用黄金作球体,用珍珠镶嵌成星星,共计镶嵌二十八星宿、300个星座和2200多颗星星。球体内设有机械装置,可带动球体运行,珠星旁标有名称。
现藏于北京故宫博物院。

球仪是流传至今唯一的一件以黄金制成的天球仪模型，非常珍贵，现在它就静静地待在北京故宫博物院呢。

天球仪的样子看起来有点儿像我们平时见过的地球仪，不同的是，这件天球仪浑身闪着金光，由一个底座、四个支架和一颗天球组成。圆圆的天球是黄金制成的，在天球的表面镶嵌着一颗颗珍珠，这些珍珠有大有小，仔细看一看，在天球上还有虚线将它们连在一起。

这些白色的珍珠都代表什么呢？天球仪上的每一颗珍珠都代表住在天上、朝人们眨着眼睛的星星。在天球仪上，我们还能找到熟悉的织女星、天狼星呢。

这些珍珠有大有小，珍珠的大小代表着星星的亮度，星星越是闪耀，珍珠便越大。如果我们再耐心地数一数，会发现清代的工匠们在天球仪上用珍珠镶嵌二十八星宿、300个星座和2200多颗星星。天球从中间能够被分成两个半球，而这两个半球相连的位置便是天赤道。天球的两端，是南天极和北天极。

这座天球仪不仅能让皇帝找到不同星宿的位置，更神奇的是，它还会唱歌呢。在天球仪的内部，藏着一个小小的钥匙孔，当人们插入钥匙、上了发条之后，天球仪就能奏乐和报时了。当天球仪内部的齿轮开始转动，天球也开始转动，每当到了正午、晚上12点和早晨6点，天球仪便会开始奏乐，告诉人们时间。

天球仪不仅是珍贵的天文仪器，长得还很漂亮呢。在天球仪的支架上，爬了九条金碧辉煌的小龙，它们乘着云彩来到了天球仪上，用龙爪紧紧地抓住天球仪，似乎要守护着珍贵的天球仪似的。

现在的我们如果对天文气象感兴趣，就可以到博物馆或气象台寻找资料，甚至学习天文观测。但在古代，天文观测可是皇家的专利，普通的百姓绝对不可以随随便便地学习天文观测。这是为什么呢？

原来，古代的皇帝认为自己是天的儿子，所以皇帝又叫"天子"，因此也只有皇家才能观测天空。清朝的中央官署中，有一个机构叫"钦天监"，钦天监就像我们现在的天文台，凡是和天有关的事，无论是观测天文气象、推断节气，还是制定历法，都是钦天监的工作。

制定每年的日历是钦天监最重要的工作，这项工作可一点儿也不容易，钦天监必须要观测太阳和月亮的位置才能制定出每年的日历。而这本日历便由朝廷颁布，百姓们何时开始农耕、何时要过节，可都和日历息息相关呢。

钦天监

官署名，职能为观察天象、推算节气、制定历法，设监正、监副等官职。钦天监监正，相当于今天的国家天文台台长。

皇家的观象台上有浑天仪、天体仪两座观测星象的仪器。

皇帝睡觉竟枕着个"胖娃娃"

古代的夏天没有空调,夏天的房子就像一个个小蒸笼一样,热得让人冒汗。但就在炎热的夏季,乾隆皇帝却能枕着一个冰凉的"胖娃娃"睡个好觉。

乾隆皇帝甚至还写了一首诗来赞扬他那个枕头呢。其中一首诗是这样写的:"哇哇如有声,曲尽小儿情。"或许你会觉得奇怪,这首诗不是在描述哇哇乱叫的小孩儿吗?怎么变成描写枕头了呢?

原来,乾隆皇帝头枕的,竟然是一个长得像小娃娃的瓷枕头。人们把这种小孩儿造型的瓷枕头称为"孩儿枕"。

北京故宫博物院收藏着一件北宋时期的孩儿枕。孩儿枕的造型就像一个趴着睡觉的大胖小子。这个"大胖小子"身长30厘米,趴着的高度有18.3厘米。他眉清目秀的,身穿长袍,下身还穿了长裤。

"大胖小子"把小手交叉环抱,一手还拿着绣球,他把圆鼓鼓的脑袋枕在手上,就像玩累了要休息一样。"大胖小子"的小脚也不安分地叠在一起向上翘,显得十分活泼。而"大胖小子"的背部弯弯的,这便是枕面,也就是人们把头枕着睡觉的地方。

其实,当年乾隆皇帝喜爱的孩儿枕还有各种不同形象。

瓷枕

瓷枕最早出现于隋朝,后来历朝历代都有烧造。瓷枕最初以脉枕的形式出现,以后慢慢成为寝具,有清凉沁肤,爽身怡神,"明目益睛,至老可读细书"的作用,深受古人喜爱。

有的"孩儿"把荷叶当成了被子盖在身上，有的把荷叶荷花贴在腰间。乾隆除了为孩儿枕写诗，还对这些"小孩儿"特别照顾，当有新的"小孩儿"入了宫，乾隆会特意命人为它们配置合适的架座和棉垫。看到特别精美的"小孩儿"，乾隆还会命人在上面刻诗，并放在指定的地点好好地收藏，对这些"小孩儿"，乾隆可是宠爱有加。

这些孩儿枕来自定窑，这里曾是宋代定州的一个重要瓷窑，定窑窑系是唐代的邢窑白瓷窑系之后发展的瓷窑体系，为宋代六大窑系之一。主要产地在今天河北省保定市曲阳县，因为唐朝的时候这个地方由定州管辖，所以称为定窑。

瓷枕头最早出现在隋朝，唐朝之后开始流行，到了宋朝的时候就更加流行啦，人们把瓷枕做出了不同造型，有长方形、八方形，还有的造型像老虎、狮子、仕女或小孩。

人们为什么要制作出硬邦邦的瓷枕头呢？原来，这种瓷枕头虽然硬硬的，但古人却觉得它们睡起来十分清凉，脑袋底下就像枕着冰块。古人还相信瓷枕头能够去热明目、延年益寿，甚至能预防老花眼，所以非常喜爱这种瓷枕头。

宝贝档案

定窑白釉孩儿枕

宋代文物，高18.3厘米，长30厘米，宽18.3厘米。现藏于北京故宫博物院。

"印章达人"乾隆皇帝最爱的印玺是哪个

1924 年,末代皇帝溥仪被国民革命军要求离开从小成长的皇宫,他在恋恋不舍地撤离的同时,带走了不少宝贝。

其中有一件宝贝被他缝在了棉衣里藏起来,他将这个宝贝看得可比其他任何东西都珍贵,一直形影不离地带在身上,生怕丢失不见了。

直到 1950 年,朝鲜战争爆发后,人们为了援助前线的战士,纷纷捐款。溥仪思前想后,最终还是依依不舍地将这件随身宝贝捐给了国家,让它回到了故宫博物院里。

那这件被溥仪随身携带的宝贝是什么呢?原来,这是一组包含三块印章的三联印章。咦?不就是印章吗?有什么稀罕的啊,故宫有许许多多的印章啊。

这组印章可是不简单,它的名字叫"田黄三联玺",是清皇室的传家宝物。三块"手牵手"的印章是用一块硬邦邦的田黄石雕刻的,这块石头静静地被人们遗忘在了库房里,终日不见阳光,这样的时光过了很久很久。

直到乾隆年间,乾隆皇帝打算制造一枚玉玺,玉匠们在库房里找到了这块黄色的田黄石。玉匠把它送给皇帝过目,乾隆皇帝一眼便喜欢上了这块玉石。

可是,他觉得这块玉石造型奇特,如果仅仅是用来雕刻

"玺"和"宝"

自周朝开始,中国人即开始用印章表示信用。秦始皇统一六国之后,下令区分玺和印,皇帝用的印叫玺,"玺"成为皇帝印章的专用词,臣民印章只能称为"印"。秦代至武则天时的皇印,一律称为"玺";武则天之后至清代的皇印,大多称为"宝"。中国历代的统治者都十分重视宝玺的作用,将其作为国家的象征物,皇帝治理天下的凭证。

成一块小印章实在是太可惜,于是让工匠们雕刻成了三块相连的印章。就这样,一块玉石在工匠的巧手下,才变成了一块珍宝。

三块印章是由石环组成的石链子连在一起的。但每个石环竟然还都是完全闭合的。工匠们到底是怎么把硬邦邦的石头变成了小巧、灵活的石链子呢?原来,这是一种被称为链雕的技术,工匠们并不是把一个个戒指一样的石环雕刻出来,再把它组成链子,而是直接将石头镂空雕刻成一整条链子。

制作石链子的时候,工匠们必须像给石头做手术一样小心翼翼,只要工匠们不小心手滑,不慎在石链子上多加了一刀,便很可能让石环破碎,整条石链子便报废了。

乾隆皇帝是有名的"印章达人",他总共拥有1800多枚印章呢!他一个人的印章的数量,都能赶上康熙、嘉庆、道光、咸丰、同治五个皇帝的印章数量总和啦,而他经常用的印章就有500多个。在这些印章中,田黄三联玺因为具有独特的魅力,深得乾隆及以后皇帝们的喜爱。

宝贝档案

田黄三联玺

田黄三联玺为清乾隆皇帝做太上皇时所制,用一块田黄石雕刻而成。三块印章分别刻着"乾隆宸翰""乐天"和"惟精惟一"。左"乾隆宸翰",正方形,高1厘米,边长2.6厘米;中"乐天",椭圆形,高1厘米,长径3厘米,短径2.3厘米;右"惟精惟一",正方形,高1厘米,边长2.6厘米。"惟精惟一"寓意着专心,而"乐天"代表着顺应上天安排的命运,不需要忧虑。现存于北京故宫博物院。

故宫里有传国玉玺吗

乾隆三年（1738年）的一天，一批民夫在江苏宝应县疏通河道，就在大家忙着干活时，有个人在土里碰到了一块硬邦邦的"大石头"，他挖起来一看，竟然是一块正方形的大印章。

大伙儿再仔细一看，印章上居然刻着"受命于天，既寿永昌"几个大字。这几个字可不得了，因为在传说中，秦始皇的传国玉玺上正是刻着这几个大字。难道这就是那件传说中消失多年的传国玉玺吗？

挖到玉玺的消息很快便传开了，当地的官员丝毫不敢懈怠，匆匆忙忙地把玉玺送到了皇宫里。宫里的人也都兴奋极了，希望能看上神秘的传国玉玺一眼。但可惜的是，经过鉴定，这块"玉玺"根本就不是玉石做成的，所以也根本不是传国玉玺。人们把它作为古玩存在紫禁城里。

那么真正的传国玉玺是什么宝贝呢？人们为什么对它这么感兴趣呀？它的故事还要从2000多年前说起。

春秋战国时期，楚国有一位叫卞和的人发现了一块璞玉，想献给国王，结果楚厉王、楚武王的下属们说这是石头，先后砍了他两只脚。后来，楚文王看它哭得可怜，令人剖开，发现里面果然是稀世之玉，于是将此玉命名为和氏璧，从此

玉玺

玉玺，专指皇帝的玉印，是古代至高权力的象征，始于秦始皇时期。

成了楚国的国宝。

后来，楚国向赵国求婚，这块和氏璧到了赵国。秦国打败赵国后，和氏璧又被传到了秦国。公元前221年，秦王嬴政统一六国，建立大秦帝国。他非常高兴，觉得天下都是我的了，为什么不把这宝贵的和氏璧雕刻成一枚宣示皇权的玉玺呢？

秦王说干就干，他命令玉石工匠把宝玉雕刻成一块豆腐块一样正正方方的印章，还在印章上雕刻了五条活灵活现的小龙，并于印章印面上刻了八个大字"受命于天，既寿永昌"。

这块玉玺也就是后来人们传说中的传国玉玺，小小的玉玺象征着能够一统天下的皇权，人们都相信谁要能拿到玉玺，谁就是名正言顺的皇帝。于是，传国玉玺就变成了天下人梦寐以求的宝贝。

随着战乱的发生和朝代的更迭，传国玉玺不断易主，传到战争胜利者手中，它从秦朝皇帝那里，一直传到了西汉、东汉、三国曹魏、西晋、东晋等政权统治者手中，由于东晋皇帝的都城在南方，传国玉玺也就被传到了南方。

到了南朝梁武帝时期，有一个叫侯景的人造反，他攻入皇宫拿到了传国玉玺，可就在拿到玉玺后不久，便战败身亡。玉玺落到了他的一个部下手中，部下看着传国玉玺想，这方玉玺导致了多少腥风血雨啊！他摇摇头，一手把传国玉玺扔进栖霞寺的一口井里了。

传国玉玺就这样躺在了井底，终日不见阳光。直到后来，栖霞寺的一个老和尚在淘井的时候，无意中发现了它。

老和尚看到上面写着"受命于天，既寿永昌"，大吃一惊，他连夜派小和尚把传国玉玺送给了当时南朝陈的皇帝陈武帝。传国玉玺又再一次回到了帝王的手中。

可惜的是，到了唐朝末年，在战乱之中，传国玉玺又不见了。直到北宋，一名农民在田里耕地时，偶然在土里发现了一枚。印章被送到了朝廷。

摸着这枚印章，宋哲宗赵煦看了又看，又叫来了十几位大学士一起研究。这十几位大学士见多识广，饱读诗书，他们皱着眉头研究来研究去，最终认定这枚印章就是那块用和氏璧打造的传国玉玺。虽然这枚躺在土里的印章得到了大学士的肯定，但朝廷内外还有许多人觉得，这块玉玺是个"假货"。

后来，金兵攻破了汴梁，掠走了宋徽宗、宋钦宗两位皇帝，传国玉玺也被大金国抢走，从此销声匿迹。据说，传国玉玺曾出现于元大都的集市，被元朝朝廷获取。明朝建立后，朱元璋派大将徐达在漠北追击蒙古人，想要抢回传国玉玺，最终也没有成功。

所以，在明清两代，紫禁城里并没有这块传国玉玺，真正的传国玉玺已经随着1500多年的朝代更替消失在历史中，等待着人们再一次发现它的身影。

宫里来了稀罕的新瓷器

雍正二年（1724年）二月的一天，战功赫赫的年羹尧将军给雍正皇帝写了一封奏章。这份奏章的内容，并不是什么国家大事，而是年羹尧请求雍正皇帝能赏赐自己一些"宝贝"。年羹尧说，这些宝贝十分精致，而且颜色鲜艳，非常希望能得到一两件。雍正皇帝内心十分不舍，但碍于面子，还是给了年羹尧几件。

到底是什么宝贝让年羹尧如此喜爱，又让雍正皇帝难以割舍呢？

原来，这些宝贝是几件珐琅彩瓷——这是在瓷器上涂画珐琅釉再烧制而成的瓷器。珐琅彩瓷的种类也很多，盆、壶、罐、瓶子都有，它的身上还画着绽放的鲜花、唱歌的小鸟、漂亮的竹子、美丽的山水等图案。

在清朝，珐琅彩瓷可是皇室专属的宝贝，不但平民百姓从没见过，就连皇帝身边的大臣也很少见到。这些漂亮的彩瓷是怎么来的呢？这还要从康熙二十二年（1683年）讲起。

那一年，来自欧洲的传教士为了能在北京传教，想尽办法讨好皇帝，珐琅器便成了传教士们送给康熙皇帝的礼物。

来自欧洲的珐琅器上画着华丽逼真的图案，色彩鲜艳，让康熙皇帝眼前一亮，十分喜欢，终日拿着珐琅器观赏。但

珐琅彩

彩瓷品种之一，是将铜胎画珐琅技法成功移植到瓷胎上而创烧的彩瓷新品种。雍正、乾隆时期的珐琅彩瓷器将诗、书、画、印相结合，是中国古代彩瓷工艺臻达顶峰时期的产物，也是享誉世界的艺术珍品。

传教士带来的珐琅器毕竟有限,康熙皇帝便想,能不能让大清的工匠们也学会制作珐琅器呢?

于是康熙皇帝找来了善于制作珐琅器的传教士,让他们担任工匠们的老师,教授工匠们绘画和制作珐琅器的技术。光找好了老师还不够,康熙皇帝还在皇宫内设置了珐琅作,让工匠们都在那里研究烧制珐琅器的方法。

欧洲来的珐琅器大多是金属制造,可当工匠们辛辛苦苦调制好珐琅釉,并把它涂在金属表面上时,却发现颜色并不鲜艳,也不漂亮。康熙皇帝看见了也摇摇头表示不满。

工匠们思前想后,不知道该怎么才能调制出漂亮的颜色,但有聪明的工匠们提出一个大胆的想法——中国的瓷器可是享誉世界的,如果将珐琅釉画在洁白的瓷器上会有什么效果呢?于是工匠们把来自西方的珐琅釉画在了瓷器上,结果,颜色出奇漂亮,一种新的彩瓷也就诞生了,人们把它称为珐琅彩瓷。

为了制作出更多漂亮的珐琅彩瓷,人们将景德镇烧制好的洁白陶瓷送往紫禁城,紫禁城里的画师在陶瓷上画上图案,直

珐琅作

作坊名,是清朝内务府养心殿造办处下属活计作之一。专门负责烧造珐琅器物。其组成人员有窑匠、大器匠、掐丝匠、镀金匠、玉匠、画匠(又称画珐琅人)及锉匠等。

接在宫中烧制珐琅彩瓷。康熙皇帝十分喜爱这种五彩缤纷的新产品，就连烧制珐琅彩瓷的过程，他也常常亲自监督，因此在养心殿，还有一个烧制珐琅彩瓷的小窑呢。

到了雍正年间，雍正皇帝更加喜欢珐琅瓷器，他甚至还会自己设计珐琅瓷器的样式呢。但很快，雍正皇帝便发现了一个问题，当时制造珐琅瓷器所用的颜料都是从欧洲进口的，颜料的数量有限，而且颜色也只有几种。雍正皇帝想，大清的工匠们能不能自己研制出制造珐琅彩瓷的颜料呢？

工匠们对比从外国远道而来的颜料配方，经过不断的调和，终于在雍正六年（1728年）研制出了自己的珐琅彩颜料。这些颜料的颜色比外国进口的还要丰富，白、黄、绿、蓝、黑、紫等颜色都被画到了瓷器上。

除了研制出了色彩丰富的颜料，雍正时期的珐琅瓷器还比康熙时期的多了几分文化气息。这个时期的珐琅瓷器上，被写上了诗句，画上了小花、小鸟、竹子、山水，图案变得更加丰富。而到了乾隆时期，珐琅彩瓷又有什么变化呢？乾隆时期的珐琅彩瓷有了更多不同的形状，有的长得像大葫芦，有的像两个瓶子连一起。

在清朝末年，社会纷乱，战争连连，紫禁城里的许多珐琅瓷器也在一片纷乱中流失，在北京故宫博物院里也只保存了40多件珐琅彩瓷。但幸运的是，今天我们只要到故宫，就能观赏到那些当初连大臣们都难得一见的珐琅瓷器了。

200多年前的"宫廷人工智能"

古代的皇帝们日理万机,每天要批改的奏章可比我们要做的作业多得多,有时写字都会写到手酸,如果有一个机器人能帮着写字那该多好啊!

在故宫里,还真有一位会写字的"机器人"呢。这个古老的"机器人"不说话也不用睡觉,它最厉害的本事不是像变形金刚那样与坏人打仗,而是写毛笔字。

这个"写字机器人"一副外国绅士的打扮,穿着大件的外套和金色的裤子。他单膝跪地,一只手扶着桌子,另一只手握着一支粗粗的毛笔,若有所思地看着桌子上的白纸。

不一会儿,"写字机器人"便提起笔,一撇一捺地在白纸上写起了字,头部也随着毛笔的方向左右摆动。很快,毛笔在白纸上工工整整地写下了"八方向化,九土来王"八个字。

"写字机器人"并没有待在书房里写字,而是跑到了一座"钟楼"下面写字。在"钟楼"最上层的回亭里,竟然还有两个金色小人,他们手里举着一个卷筒,一旦人们启动机器,两个人便会来个华丽转身,把卷筒拉开,原来,卷筒里还写着"万寿无疆"四个大字。这个"机器人"可以说是200多年前的"人工智能"了。

这个会写字的"机器人"其实是乾隆皇帝的一座钟表,

钟表馆

北京故宫博物院自20世纪30年代设立钟表馆,先后曾以永和宫、奉先殿、保和殿东庑等作为馆址。馆内收藏有精美钟表及风格独特、中西合璧的各类外国文物,钟表有清宫造办处钟表、广州钟表,还有英国钟表、法国钟表、瑞士钟表等多国钟表。

也就是现在收藏于北京故宫博物院的铜镀金写字人钟，是由英国伦敦的威廉森（Williamson）专为清宫制作的。

写字人钟一共有四层，举着"万寿无疆"横幅的两个小人站在最顶层，写字人坐在最底层。写字人钟虽然会写字，但它的本职工作是告诉人们时间。所以，写字人钟的第二层便是一块钟表。在钟表下方的第三层，也站了一个小人，他的职责是敲打钟碗奏乐。

宝贝档案

清铜镀金写字人钟

清乾隆时期宫廷御用物品，该钟高231厘米，底座边长77厘米。钟型为铜镀金四层楼阁。顶层圆形亭内有两人手举一圆筒舞蹈，启动后，二人旋身拉开距离，圆筒展为横幅，上书"万寿无疆"。第二层有一敲钟人，每逢报完3、6、9、12时后便打钟碗奏乐。第三层是钟的计时部分。底层是写字机械人，与计时部分机械不相连，是一套独立的机械设置，只需上弦开动即可演示。现藏于北京故宫博物院。

精致又神奇的写字人钟深受乾隆皇帝的喜爱，乾隆皇帝退位成为太上皇之后，还让人把它搬到自己的宫殿里日日欣赏呢。

写字人钟里的"外国人"是如何写字的呢？原来，这位"外国人"由机械控制，它的身体里有三个圆盘，人们将蘸好了墨汁的毛笔放在他的手上，再扭动开关，圆盘便会慢慢转动，"外国人"就会写下横、竖的笔画，写完一个字后还会往下移动，直到工工整整地写完八个大字，圆盘才会停下，"外国人"也就静止不动了。

在清朝，钟表深受皇家喜爱。康熙皇帝就是钟表的爱好者，他不但喜欢欣赏钟表，还会认真地学习关于钟表的先进技术。乾隆皇帝更是西洋钟表的拥趸者。对于清宫采购的钟表，乾隆都会仔仔细细地过问，还会把自己喜欢的样式告诉制作西洋钟表的工匠，定制与众不同的钟表。

正是因为清朝皇帝对西洋钟表的喜爱，在紫禁城里不但有写字人钟，还有各种稀奇古怪的钟表——有的钟表上的小人能做出各种动作；有的钟表造型像是一只会唱歌的小鸟；还有的钟表造型酷似一只甩着长鼻子的大象呢。

自鸣钟

明代晚期，一种叫"自鸣钟"的机械计时器在中国出现。相传，第一座来自西洋的自鸣钟是意大利传教士利玛窦于明万历二十九年（1601年）献给明神宗皇帝的。清代初期，中国皇帝对西方科学产生了浓厚的兴趣，皇宫中出现了收集并仿制钟表的热潮。

解暑降温的小发明

炎炎夏日,太阳公公在天上毫不留情地炙烤着大地,人都快被它融化了,这时候如果能从冰箱里取出冰镇西瓜吃上一口,便再舒服不过了。

可是,古时候没有电冰箱,人们是不是吃不上爽口的冰镇西瓜了呢?实际上,清朝的皇宫里,皇帝不但能吃上冒着凉气的冰镇西瓜、甜瓜,还能享受"空调"呢!

在没有生活用电的古代,怎么会有冰箱和空调呢?原来,秘密就藏在皇帝房间里的几个神奇箱子里!

这些箱子通常有两个盖子,一个在箱子的顶部,另一个在箱子的中间。人们取出中间的盖子,在箱子的底层放满冰块,合上中间的盖子,往上摆满水果、甜品,再盖上顶盖。过不了一会儿,冰块的凉气便把常温水果变成冰镇水果了!而这些箱子,就是古代的冰箱!

或许你要问,在炎炎夏日,箱子里的冰块为什么不融化呢?原来,箱子大多是用木头和铅制作而成的,这些材料就和隔热手套一样,能隔绝部分外来的热量,这样冰块保存的时间便久了。就算水果吃完了,冰块也还没融化。

那冰块融化后的冰水怎么流走呢?聪明的工匠早就考虑到了这一点,他们在箱子的底部设计了一个小圆孔,这样冰

掐丝珐琅

珐琅是涂料名,也一度被称为"搪瓷",一般被涂在器物上,经过烧制能形成不同颜色的釉质表面。

掐丝珐琅是在金、铜胎上以金丝或铜丝掐出图案,填上各种颜色的珐琅,再经焙烧、打磨、镀金等多道工序制作而成。掐丝珐琅色彩华丽,在明代景泰年间获得了史无前例的发展,又因多外饰蓝色釉料,也叫景泰蓝。不过,也有红、浅绿、深绿、白、葡萄紫、翠蓝等颜色。

水便会从圆孔流出。

　　除了能做出好吃的冰镇水果,古代的冰箱还可以充当"空调"——冰箱的盖子上有许多小孔。当人们不吃水果时,在冰箱里放满冰块,冰块的凉气就会通过顶部的小孔钻出来,不一会儿,屋子里就像开了空调一样,变得凉凉的。

　　冰箱虽好,但在清朝可不是人人都能用得起的,只有皇帝和富贵之家才能享用。到了今天,北京故宫博物院收藏的冰箱也不多,其中有一对冰箱十分特别,它的名字很长,叫

宝贝档案

掐丝珐琅番莲纹冰箱

冰箱高45厘米,口径长72.5厘米,底面边长64厘米。清乾隆年间制。现藏于北京故宫博物院。

掐丝珐琅番莲纹冰箱。

　　这个冰箱比我们现在的冰箱漂亮多了，它身上是蓝色的，还点缀着各种色彩鲜艳的花纹。冰箱的箱体高45厘米，箱体下面还有一个红木做的"专用座椅"。宫廷里皇帝和他的家人，一边吃着冰镇西瓜，一边欣赏漂亮的冰箱，别提多享受了。

　　冰箱虽然有了，但古代的冰箱没有电，没办法制造冰块，那么冰块是怎么来的呢？原来，紫禁城里有几间神奇的房子，叫冰窖。人们在冬天采集冰块，再把冰块保存在冰窖里，当皇帝想吃冰镇水果时，人们就会取出冰块使用。

　　其实，早在我国的战国时期，就已经出现了"冰箱"。1977年，湖北省随州市出土了一件战国铜冰鉴。战国时期湖北的夏天就像烤炉一样，人们没有空调降温，就连食物也很容易变质。古时候的人们为了更好地保存食物，便发明了用铜做成的冰箱。

　　战国铜冰鉴像一个巨大的箱子，里面还有一个方形的水壶。在箱子和水壶之间，人们可以装满冰块，随后再在水壶里装上酒，不一会儿，酒便变得冰凉，人们也就能喝上一口冰镇酒了。

不怕寒冷的暖手宝

北方的冬季很冷,清代北京冬季的最低气温可以达到零下三十摄氏度。那当时宫里的皇帝一家人是怎么取暖的呢?

你肯定想不到,清宫里的皇帝一家人早就用上了"暖手宝"。走在白雪皑皑的皇宫里,宫女们会在衣袖下藏一个"小盒子",皇帝也对这些"小盒子"爱不释手。原来,这就是清宫里的手炉。

手炉是在冬季专门暖手用的。它的外形看起来就像一个现在用的手提饭盒。它的外壳是用木头做的,内胆是用铜做的。盒子上还有一个用铜丝做的炉罩。人们将烧着的炭放进盒子里,盒子就会变得暖乎乎的,放在袖子里,或是抱在怀中,能让身体都变得暖暖的。

清宫里的手炉有圆形的、椭圆形的,有的还长得像一个大甜瓜。手炉的装饰画上有山有水、有鸟有鱼,有的手炉上就连龙和凤都有,别提多热闹了。

早在唐宋时期,人们就已经使用手炉了,到了明清时期,手炉更加流行。古时候的冬天,文人写字时也习惯在书桌上放上一个手炉,当手冷到僵硬时要先暖暖手才能写字呢。

除了暖手的手炉,古代有没有暖脚的炉子呢?在北宋时期,文人苏东坡就送了一个"暖脚铜缶"给朋友杨君素。这个"暖脚铜缶"就是足炉。足炉其实是一个用铜或者锡做成的扁瓶子，在冬夜，古人往足炉里灌满热水，将足炉放在被子里暖脚，功能相当于现在的暖水袋。双脚靠着暖乎乎的足炉睡觉，一定能一觉睡到天明。

冬季的皇宫里，光靠小小的暖手炉可不够。所以每当宫内举行大型活动时，人们都会搬来一个大大的盆子来烧火取暖，这个大盆子便被称为火盆或炭盆。当火盆里烧着炭时，整个屋子都会变得暖暖的。

火盆可不是谁都能用的，通常只有皇帝和地位重要的人物才能使用。在乾隆年间，还要按照不同级别分配不同数量的炭。比如皇太后一天就可以用上整整120斤的炭呢。

你看，聪明的古人对付寒冷的冬天，可是有一套很棒的办法呢。

宝贝档案

朱漆描金龙凤纹手炉

清乾隆年制手炉，通梁高13.7厘米，口径长15厘米，宽9.6厘米。炉双圆相连形，外有提梁，里设铜盆，内为朱漆底，描金龙凤纹各一对。手炉的一侧画着两条正和龙珠玩耍的龙，另一侧画着嘴咬花枝的凤凰。
现藏于北京故宫博物院。

皇帝的"百宝箱"

1738年,乾隆皇帝突发奇想,命令造办处的工匠为他制作一个神奇的箱子。听了皇帝的命令,工匠们赶紧忙活起来,有的负责设计,有的负责做箱子,有的给箱子穿上好看的花衣服。"总设计师"乾隆皇帝对想做的宝贝充满各种想象,所以这个箱子整整花了10年才做出来。这个箱子还有个好听的名字叫"瑾瑜匣"。

瑾瑜匣和别的箱子可不一样,一般的箱子只有一个"肚子",但瑾瑜匣却有好多个,能装下上百件小物件。和瑾瑜匣长得很像的,还有一个叫琳琅笥(sì)的箱子。琳琅笥的肚子里,也有上百个小格子,能装下整整498件玉器呢。

这些宝贝箱子又叫百什件。百什件是用来做什么的呢?原来,清代皇帝的宝贝实在是太多了,多到皇帝经常忘了它们被放在什么地方,于是皇帝就给自己的小宝贝们做了一个家,专门存放宝贝物件。大一点儿的百什件能装下几百件宝贝,而小一点儿的也能装下几十件。

到底有谁能住进百什件里呢?百什件的"家庭成员"还真不少,身穿彩衣的珐琅器、漆器是这里的常客;精美的竹刻、木雕、牙雕成了邻居;还有常见的碗、瓶子、盒子也住了进来。或许是看百什件太热闹了,来自新石器时代的古玉、夏商周

时期的青铜器也"穿越时空"来入住；还有一些来自外国的钟表和珐琅器也都出现在了这里。

百什件是一个大家族，家族成员的名字还很好听呢。体形较大的百什件一般会以殿、阁为名，例如静怡轩四美具百什件、敬胜斋百什件，听起来如同皇宫里的宫殿一样。而体形较小的百什件也有好听的名字，例如琼瑶薮（sǒu）、翠珍筒、珣琪宇等，听起来就像一个个漂亮的姑娘。

百什件关闭的时候看起来就像一个普通的盒子，打开时，一间间"小房子"里的"小宝贝"又能被展示得一清二楚。工匠们究竟是怎么制作出百什件的呢？原来，工匠们在设计百什件之前，会先想好一份"住户名单"，选好一批会放在同一个百什件里的"宝贝"。然后，根据这些"宝贝"的大小设计出一个个大小不同的"房间"，让"宝贝"们都住进百什件，一个也不多，一个也不少。

乾隆的百什件

宝贝们的前世今生

宝贝诞生的"皇家工厂"

身为皇帝的雍正日理万机，几乎每天都要长时间在书桌前批阅奏章。有一天，雍正皇帝在看奏章上的字时，不知不觉地眯起了眼，越看越近，却仍然看得不太清楚。咦，这是怎么回事呢？原来，雍正皇帝近视了。

这可不得了，皇帝看不清字，那会耽误国家大事的。雍正皇帝赶忙叫人为自己制作眼镜。两个多月后，18副不同材质的眼镜便出现在雍正皇帝面前，戴了眼镜的雍正皇帝，发现眼前的世界又重新清晰起来。

古时候的街上可没有眼镜店，到底是谁如此神通广大，

清宫内务府造办处

清朝初期在紫禁城皇宫内廷养心殿设造办处。造办处下设馆、处、作、厂等作坊，分工明确，设催长、副催长、委署司匠、库守、苏拉等，承应各项差务，所属各种匠役约200名。

居然在短短两个月里,便"变"出了18副眼镜呢?

原来,制作眼镜的是专门管理皇家事务的内务府,也就是皇帝的"御用管家"。内务府的大臣们不但会像保姆一样负责皇帝的生活起居,还会像魔法师一样,为皇帝"变出"各种想要的东西。雍正皇帝的眼镜,就是内务府造办处制作的。

造办处的出现,还是雍正的爸爸——康熙皇帝的"功劳"呢。在文武群臣面前,康熙皇帝是个高高在上的一国之君,但在私底下,他像个孩子一样喜欢摆弄各种玩具。只不过,康熙皇帝的玩具不是游戏机,也不是小车子和机器人,他最喜欢的玩具是一件件精美的珐琅器。

为了每天都能看见这些五彩缤纷的珐琅器,他心想,为什么不干脆在自己家开一座小工厂,让工匠们直接在自己的家中制作珠宝、家具和衣服等东西呢?于是,在康熙年间,

内务府在养心殿的院内设立了一个新的部门——造办处，这就是名副其实的"皇家工厂"。

造办处是专门给皇上制造家具、服饰、珠宝、玉雕等器具的工厂。皇帝日常生活中穿的、用的，包括休闲和摆设的装饰品都出自造办处。在造办处最鼎盛的时候，一共有40多间大大小小的作坊呢。

造办处真是一个名副其实的"大工厂"。在这个工厂里，还有制造不同东西的"小工厂"——比如有的"小工厂"里，人们在图纸上画着设计图，还传来嘀嗒嘀嗒的声音，原来这里是生产皇家钟表的造钟处。

还有个"小工厂"叫累丝作，难道在里面工作很累吗？原来，在累丝作工作的工匠，能把原本硬硬的金银铜，像拉面一样拉成细丝，再把这些细丝像织毛衣一样织成网状，最后镶嵌在宝石上作装饰。造办处的"小工厂"还远远不止这些呢，就连皇帝的衣服、喝水用的杯子、写字用的文具都是从这里"变"出来的。

大家可能在想，在造办处上班会不会像我们做手工一样好玩呢？

不，造办处的工作可严格得多。工匠们不但要天天在大臣们的监督下工作，还要在短时间内制造出让皇帝满意的精品。

当皇帝下令要造办处制作东西时，工匠们可丝毫不敢怠慢，他们会先制作一个样品，如果皇帝对样品不满意，便要再修改，一直到皇帝满意，才能开始制作。

所以，每一件"大内制造"的东西，可都是饱含着工匠们无数的汗水和心血呢。

皇帝的宝贝

造办处

起初,造办处被设在宫内,但到了后来,就连紫禁城也装不下造办处了。于是,朝廷便开始把造办处设在宫外,比如在圆明园中,就曾有许多造办处的工坊。有的造办处甚至还被设在苏州、天津、南京、广州等地。

每个作坊里的匠人,都是从全国各地召集来的精英。凡是从造办处"出生"的器具,都会有一个响当当的名字——"大内制造"。

宝贝们的前世今生

皇宫里的"玩具制造师"

有一天,乾隆皇帝突然玩心大发,打算给自己做一件新玩具,于是他命人在造办处找一位精于玉器刻字的匠人。

内务府的官员不敢怠慢,很快为乾隆推荐了一名叫六十三的刻字匠。六十三本身就是一位"书法能手",他不但能把书法写在纸上,还能刻在紫砂茶壶上。小巧的紫砂茶壶身体硬硬的,很容易碎,要在上面刻上字,就像给茶壶做手术一样困难。

虽然六十三的刻字功夫了得,但"爱玉如痴"的乾隆皇帝依然不放心让他在珍贵的玉石上刻字。于是,他拿出刻了字的玉器让六十三先临摹学习。

为了成为皇帝的"玩具制造师",六十三每天努力地拿着小刀在坚硬的玉石上刻字。经过大半年的努力,他终于把"乾隆年制"四个大字,成功地刻在了玉片上,他兴奋地把玉片交到乾隆皇帝手中,皇帝满意地点了点头,命六十三到造办处如意馆工作。

内务府造办处是皇帝专用的"玩具工厂",来自全国各地的工匠便在这里设计、制作皇家用具。造办处的工匠大多都已经身怀绝技,但他们也和我们一样要经常面对各种学习和考试。

造办处是个藏龙卧虎的地方，这里的工匠都有着独特的本领。雕玉匠擅长在玉石上雕刻出栩栩如生的图案；画匠擅长用画笔"变"出一幅幅精彩的图画；花爆匠是专门制作烟花爆竹的工匠，他们能让一朵朵"花"飞到天上去；珐琅匠擅长制作珐琅器，能为器具穿上漂亮的花衣裳。当然，造办处的工匠还不止这些，在造办处的鼎盛时期，有61种不同行业的工匠呢。

在乾隆二年（1737年），造办处有一位叫陈祖章的工匠坐在房间里揉着眼睛，似乎很苦恼。原来，他是一位负责雕刻的工匠。八年前，他怀着梦想从遥远的广东来到了北京，本想在这里大显身手，但北方的寒冷天气让他很难适应，眼睛也因此常常出毛病。或许正是因为如此，即使到了第八年，他还是一个默默无闻的普通工匠。直到一天，造办处收到了一大堆橄榄，而这堆橄榄竟然改变了陈祖章的命运。

原来，收到橄榄后，皇帝下旨让工匠们把橄榄里的橄榄核雕刻成核雕，这个任务落到了陈祖章头上。从小学习雕刻的他，看着这个拇指大小的橄榄核，心中暗暗想，一定要把核雕做好。

陈祖章格外认真，他拿着小小的橄榄核，小心翼翼地雕刻起来，白天没能完成，晚上便在蜡烛下眯着眼睛继续雕刻，就这样，陈祖章没日没夜地工作，终于把橄榄核雕刻完成。当他的作品被送到乾隆皇帝手上时，看过无数精品的乾隆皇帝也赞叹不已。

宝贝档案

雕橄榄核小舟

"东坡夜游赤壁"橄榄核舟高1.6厘米,长3.4厘米,呈稍深的橘红色,刻画着《后赤壁赋》中苏轼和友人在月下泛舟的场景。

现藏于台北"故宫博物院"。

原来,陈祖章雕刻出的作品,就是现在保存在台北"故宫博物院"的雕橄榄核小舟。陈祖章用自己的巧手,竟然把一枚小小的橄榄核变成一叶小舟。在放大镜下我们会发现,小舟的两面窗户可以开关。舱篷上雕刻席纹,舟上桅杆直立,旁边有绳索与帆,舱内桌案上杯盘狼藉。

在小舟里,还坐着8个只有米粒大小的小人,有苏东坡、客人、客妇、艄公、书童等,每人神情各异。舱中凭窗而坐的是苏东坡,头裹巾子,宽衣博袖,静静地看着窗外;艄公慢摇小舟以便让客人饱览水光月色。在小舟的底部,居然还刻上了苏轼的《后赤壁赋》,一共有几百个字呢。

体现了精湛技艺的橄榄核小舟让乾隆皇帝龙颜大悦,陈祖章也得到了奖赏,从此名声大噪。

今天我们在北京故宫博物院里看到的文物,有许多都是造办处的工匠们用自己精湛的技艺和辛勤的汗水制造的,虽然许多工匠连名字都没有留下来,但他们却靠着自己制作的精品,在历史上写下了辉煌的一笔。

谁为故宫写下了无数"宝贝日记"

1860年,英法联军攻入了北京,侵略者们大摇大摆地来到圆明园和颐和园,肆无忌惮地把皇帝的宝贝全都搬回了自己家。经过英法联军的洗劫之后,原本气势恢宏的皇家园林变得满目疮痍。光颐和园的乐寿堂就有几千件文物被破坏或丢失,剩下的只有一只四条腿的铜炉和一个盘子。

那么,人们是如何知道乐寿堂丢失了多少宝贝的呢?

原来,有一本叫作《乐寿堂陈设清册》的册子清楚地记录了乐寿堂原本有哪些摆设和收藏品,人们查看册子上的资料便知道哪些东西丢了,而这本册子的作者便是内务府的大臣们。

内务府不但要照顾皇帝一家人的生活,还要照顾不会吵也不会闹的文物,管理紫禁城里皇帝的各种精致家具、装饰、钟表等琳琅满目的宝贝。虽然宝贝们没长脚也不会跑,可皇帝的家整整有72万平方米,里面的宝贝多得就像沙子一样,内务府的大臣们该怎么管理这些大大小小、摆放在不同地方的宝贝呢?

内务府的大臣们可聪明了,他们会为皇帝的宝贝们写"宝贝日记"。这些"日记"就叫内务府陈设档,有原始档、复核档和日记档三种形式。这些"日记"数量庞大，光现在保存在中国第一历史档案馆和故宫博物院的就有一万多册呢。

原始档是记录殿堂里陈设物品的原始清单，内务府的大臣们会记录不同殿堂里都住着哪些宝贝。

复核档是原始档的"兄弟"，当大臣们发现殿堂里的宝贝搬了家，便会把宝贝流动的情况写成标签，粘贴在原始档的下面。

日记档就是殿堂里宝贝的日记，从开始写日记起，大臣们便会一直记录某个宫殿里宝贝变动的情况，有些日记会跨越好几十年，甚至还跨越朝代呢。

而皇宫里的宝贝有不同的种类，字画、家具、漆器、佛像、青铜器、玉器、钟表等应有尽有，内务府的大臣们因为怕把宝贝们弄混了，因此还把"宝贝日记"分门别类地记载。

皇帝的宝贝数不胜数，甚至连紫禁城也装不下，在北京的皇家园林里也藏着珍贵的文物。内务府的大臣们还为北京玉泉山的静明园、香山的静宜园、颐和园，以及畅春园里的寺庙、斋房、楼宇等写下了"宝贝日记"，《乐寿堂陈设清册》便是其中一本。

皇帝的宝贝还不仅仅放在北京，有的宝贝还待在沈阳故宫和承德避暑山庄里，内务府的大臣们还要为这些宝贝写"宝贝日记"呢。

清朝的皇帝非常喜欢出宫巡视，他们也要随身带一些宝贝，在路上随时把玩。皇帝出了宫住在行宫里，跟着他出宫的宝贝们也住在行宫里。内务府也会为皇帝的行宫写"宝贝日记"。

"宝贝日记"不但受到内务府大臣们的重视，即使到了现在，历史学家们依然把"宝贝日记"当成珍贵的资料。他们通过"宝贝日记"不但能研究清朝皇帝们的生活，还能清晰地知道各个宫殿里曾经有什么摆设。

1860年英法联军火烧圆明园，1900年八国联军入侵北京，皇家文物被大量损毁抢夺，遗失海外。珍贵的"宝贝日记"成为我们考证和追索海外遗珍的一手资料和有力证据。那些偷抢我们宝贵文物的人，就无法抵赖啦。

圆明园十二生肖兽首铜像

圆明园十二生肖兽首铜像原位于圆明园海晏堂外，是清乾隆年间的红铜铸像。1860年英法联军侵略中国，火烧圆明园，兽首铜像开始流失海外。现在，流失的兽首铜像正在通过不同的方式回归祖国。

给宝贝建一座大房子

在故宫金碧辉煌、红墙金瓦的宫殿群里，隐藏着一座灰脑袋的西式洋楼。它就是神秘的宝蕴楼。

那么，宝蕴楼究竟因何而建？谁住在里面呢？这座洋楼的故事，还要从清末的一场大火说起。

这座洋楼在西华门旁、武英殿的西面。之前那里坐落着咸安宫，康熙年间曾经设官学，有点儿像我们现在的教室，后来成为皇太后、妃嫔等居住的地方。然而在清末时期，一场突如其来的大火却把咸安宫烧成了灰烬，只剩下南面的咸安门得以保存。

1913年，清王朝已经成为历史。虽然清朝的皇帝已经失去了天下，但成千上万件的文物还被藏在宫里，有一些文物还被收藏在沈阳故宫和承德避暑山庄，北洋政府也打起了这些宝贝的主意。

北洋政府的内务总长朱启钤对当时的总统袁世凯说，希望能将沈阳故宫及承德避暑山庄的文物都运到北京来。袁世凯觉得主意不错，便派人前往承德和沈阳把皇家的宝贝运来。这些宝贝中，不仅有"弱不禁风"的瓷器、笨重的铜器、古老的书籍字画，还有精美的珠宝。人们把宝贝们统统都装在了一个个大箱子里，没想到整整装满了3150个箱子，宝贝的数量多

宝蕴楼

宝蕴楼是中国近代建成的第一座专门用于文物保藏的大型库房，为两层楼西洋式建筑，由北洋政府在原咸安宫基础上改建。宝蕴楼收藏有中国古代文物的精华，十分珍贵，故名"宝蕴楼"。
2015年，宝蕴楼修缮完成，化身成为故宫的展厅，重新开放。这里专门举办"故宫博物院院史陈列"展览。

达 23 万件！

宝贝们浩浩荡荡地上了路，这时官员们忽然意识到，这么多宝贝到底该放在哪里呢？

这下官员们慌了，这些东西可都是文物，不能随随便便放置，要在哪里为宝贝们找个家呢？他们想到了咸安宫的废墟，想着不如在那里盖一座大库房，专门来存放这些文物。

于是，技师和厂商们便开始设计、画图，在 1914 年 6 月开始动工修建。经过一年的时间，故宫里和周围环境最格格不入的一座楼宇诞生了。因为这座楼是用于存放各种宝贝的大库房，人们便取名"宝蕴楼"。

故宫里的建筑都会在屋檐下悬挂匾额，匾额就像建筑的牌子一样。可宝蕴楼长着一副西方人的脸孔，没有长长的屋檐，那宝蕴楼的匾额到底该挂在哪里呢？

原来，建筑师们在宝蕴楼大门的上方，设计了一处小阁楼，小阁楼有着尖尖的脑袋，就像女巫的尖帽子，十分明显。"宝蕴楼"匾额就镶嵌在阁楼的墙上。而在阁楼的壁柱上，还设计了四对卧着的狮子陪伴着匾额。

宝蕴楼建好了，原本被分散存放的文物，再一次聚首一堂，宝蕴楼也因此成为存放宝贝的"大宝库"，里面收藏着许多宝贝。

到了 1947 年，古物陈列所并入北京故宫博物院，宝蕴楼中的文物也一个个地被移到各个展厅。但人们并没有忘记宝蕴楼曾经是文物的"家"，后来，人们也对宝蕴楼进行了修缮。

北、东、西三座楼房组成。

惊心动魄的国宝流浪之路

1931年9月18日,日本军人在东北发动了九·一八事变。辽阔的东北三省竟然在短短几个月内沦陷。这让当时生活在北平的人们十分担心,许多人匆匆逃离了北平。而在故宫博物院里,有一个人更是急得像热锅上的蚂蚁,他便是当时故宫博物院的院长易培基。

看着日本军队步步逼近,易培基的脑海里想起了鸦片战争之后中国文物的命运。他握紧拳头,心想:绝对不能让历史重演。除了易培基,北平的百姓们也对文物的命运十分担心,他们纷纷写信给故宫博物院,希望博物院能够把文物转移到安全的地方。

整个北平城笼罩在战争的阴影之下,易培基开始打电话和当时的国民政府商量,最后他们做出了一个重大的决定——让故宫的文物搬家,转移到南方。

让易培基没想到的是,文物南迁的消息竟然引起了轩然大波,许多人都义正词严地反对文物南迁。要知道,这些国宝深藏宫里已经数百年,可以说个个都是传世珍宝。如今国难当头,一旦路上有个差池,损失难以挽回。

可日本军队来势汹汹,文物搬家的事情迫在眉睫。在院长的力主之下,故宫博物院开始了艰难的准备工作。

但新的问题又来了，故宫里的瓷器容易破碎，书画作品又不能受潮，还有体形庞大的青铜器，一件件宝贝碰不得也摔不得，然而前往南方的路途遥远，该怎么保证这些宝贝能够顺利地送到南方去呢？

故宫的工作人员也是第一次帮文物搬家，他们也不知道该怎么办。这时候，有人出了一个主意说，古时候的人们也是将珍贵的瓷器从远在江西的景德镇窑厂运到紫禁城里的，不如我们看一看他们是怎么打包这些瓷器的，他们还专门请来了琉璃厂的老古玩商传授包装技术。这样，每件国宝都用数层纸张包裹，外面再用草绳层层缠紧，装箱后在空隙间塞满棉花，然后钉箱盖，贴封条，就像为这些文物做了一件厚厚的棉袄一样。

为做到万无一失，故宫的工作人员特意买来许多普通瓷器反复试验，确定无一损坏，才开始用这样的程序装箱。装运文物的木箱，绝大部分都是临时赶制出来的，长3尺，宽高各1尺半，文物装箱后，就用铁钉钉牢，封条。对于造型

精致的钟表，配件很容易在运送的途中震坏，需要先把配件摘下来，再分开装在小箱子里。

故宫的工作人员用了整整半年的时间，才将文物全部包装好。每批文物的迁运也极为保密和谨慎，都被安排在半夜进行。

1933年2月4日，故宫博物院秘书吴瀛接到文物准备起运的通知，前往故宫待命。临行前，妻子问他去哪儿，他摇了摇头，因为谁也说不清楚国宝的最终去向。

2月5日晚，全城的手拉平板车几乎都被集中起来，运输车队见首不见尾，十分壮观。从故宫到火车站开始全面戒严，沿途军警林立，街上空无一人。这批文物浩浩荡荡地从故宫的神武门广场出发，终于踏上了南迁的旅途。

列车开行，各地的军队沿途保护着这些国宝的安全，车顶四周架机关枪，车厢内遍布持枪宪警。此外还有张学良的马队随车驰聚，警戒护卫。除特别快车外，其余列车都要让道给文物列车先行。重要关口，车内熄灯。

之后，随着中国沦陷的国土越来越多，国宝运输的条件也日渐恶劣，保护迁移文物的人力物力也越来越少。

人们从故宫、颐和园等地方分五批运走数量巨大的文物，这些文物共19557箱，其中故宫的文物就有13491箱，包括书画近9000幅，瓷器2.7万余件，铜镜、铜印等2600余件。

国宝们先来到了上海，在故宫博物院驻沪办事处安了家。但人们知道，要想远离战火，故宫的文物在上海也不安全。

于是，人们又在南京紧锣密鼓地修建起了文物库房。

1936年，故宫文物告别了上海，出发前往南京。没想到1937年7月卢沟桥事变，北平沦陷，8月上海沦陷，南京告急。1937年，故宫文物再次踏上流浪之路，分三批运往大后方。

这些国宝中，一批宝贝走"南线"，经长沙、贵阳，1938年到达安顺，后来又接运到四川巴县；一批宝贝走"北线"，经宝鸡、汉中、成都，到达峨眉；一批宝贝走"中线"，经汉口、宜昌、重庆、宜宾，到达乐山。

这是故宫国宝流浪之路中很艰难的一段旅程，它们除了随时要面对战火，还有无数的困难险阻、天灾人祸。走"北线"的宝贝，在运送过程中，要翻越高高的秦岭，那里大雪封山，有时山路塌方，有时好几天没有水、吃不上饭，但国宝的护送者们硬是咬着牙关，誓死守护，一步一步走到了目的地。

这些护送者中，有一位故宫文献馆的工作人员，他的名字叫朱学侃。他只是那些护送者中普通的一员。1939年夏天，抗日战争局势紧张，人们把故宫宝贝从重庆向乐山紧急转移。

当时，宝贝护送者们找来找去，只能雇到11只木船，那里丰水期短，如果不及时运送，故宫宝贝就难以及时从水路运送了，后果不堪设想。所以宝贝护送者们白天黑夜不停忙碌，以保证这些宝贝的安全。

一天凌晨，朱学侃又一次来到船上，布置宝贝装运工作，这时候天微微亮，船舱中特别昏暗，船舱的舱盖已经打开，可心忧国宝、匆匆忙忙的朱学侃并未注意到这一点。他一脚踏空，掉到了舱底，重伤身亡，成为我国为护送故宫宝贝而献身的第一人，年仅32岁。

从这一天起，朱学侃就长眠在重庆南岸狮子山，为了国宝，他努力到了最后一刻。正是由这样一个一个的守护者组成的护送队，躲过了日本人的轰炸和土匪特务的阻拦，跨越千山万水，完成了一个人类文明史上的壮举。当人们为此惊叹不已时，他们往往会淡淡地回答一句话："文物有灵。"

1945年10月10日，华北日军投降仪式在故宫太和殿前举行。第二年2月15日，故宫国宝的交接大会在故宫召开。那些护送国宝的英雄们和守望的人们齐唱《故宫守护队队歌》，流下滚烫的眼泪。故宫的国宝，终于要陆续回家了！

1947年，一部分国宝回到了南京。1948年至1949年间，一部分的文物被运到了台湾，至今保存在台北"故宫博物院"里。

1951年，留在南京的故宫文物才终于陆陆续续地回到了它们原本的家——北京故宫博物院。而这些文物当中，仍然有一批没回家，它们就在南京博物院里安家了。

整个南迁历时十余年，一路护送国宝的人们饱经离别、饥寒、恐惧、战乱之苦，行程上万里，冒着战乱中随时可能遭遇轰炸、丧命的危险，穿越大半个中国。运送过程中上百万件文物没有一件丢失，也几乎没有毁坏，堪称世界文化史上的奇迹！

《故宫守护队队歌》

巍巍故宫，竦峙苍穹。
雕梁画栋，巧及人工。
文华武英，太和乾清。
体象天地，寰丽且宏。
巍巍故宫，古物攸同。
环姿玮态，百代是崇。
殷盘周彝，唐画宋瓷。
亿万斯品，罗列靡遗。
谁其守之，惟吾队士；
谁其护之，惟吾队士！

故宫宝贝的"专门医院"

人们生病了会去医院找穿着白大褂的医生。而故宫里的文物，很多都是几千岁的"老人"了，年纪大了，身体自然容易出现毛病，但它们没有手没有脚，要怎么到医院去看病呢？

原来，故宫的工作人员早就为这些"老人"设立了专门的"文物医院"，如果文物生病，人们就会贴心地把文物抱到医院里，好好地治疗它们。

那么"文物医院"的医生们是怎样为宝贝治病的呢？

单嘉玖是"文物医院"的一位"医生"，她就曾经修复过一件名叫《双鹤群禽图》的绢本。这件绢本是明代的文物，有400多岁了。

这件"年老"的绢本上画着两只栩栩如生的鹤，它们正在草丛间望着天空歌唱。可惜的是，因为年代久远，这件绢本上出现了一个个破洞，这些破洞都是被小虫子咬的。

望着密密麻麻的破洞，单嘉玖心疼极了。她心想：该怎么做才能"治好"这件绢本呢？有的人提议把一整幅绢托在画作的后面，这样《双鹤群禽图》的背后就像多了一层"衣服"似的，人们也看不见画作上的小洞了。

可单嘉玖却多了一个心眼，她知道，如果让画作多穿一层"衣服"，时间一久，画作便会和底层的绢粘在一起，那时候的人们便没办法再修复这幅画了，这幅画就彻底毁了。

既然不能为画作穿上一件"衣服"，那单嘉玖会怎样修复这幅画呢？

为了让已经几百岁的《双鹤群禽图》"延年益寿"，单嘉玖决定把画作上的破洞一个一个补上。在单嘉玖的巧手下，一个个破洞都被修补好了，可光是修复这幅画，单嘉玖便花了整整四个月的时间才完成。

照顾这幅画作，可一点儿也不比照顾小孩子简单。冬天的"文物医院"开着暖气，所以室内环境温热干燥，画作也容易变得干燥，一旦发现画作"缺水"，单嘉玖便要给画作进行加湿处理，防止干燥和湿润的部分不均匀而导致破裂。

在故宫博物院里，和单嘉玖一样的"文物医生"还有很多，他们的职业是文物修复师。

早在1931年，当时的故宫古物馆便设立了裱画室，裱画室的工匠们便会对破损的书画进行修复。2018年，故宫的文物修复师一共有161人。

就像医院里有不同的科室一样,"文物医院"里也有不同部门。当木头雕刻、家具生病了,它们便会被送到木器修护室去进行清理、修补、粘合。如果浑身发绿的青铜器受伤了,会由专门的"医生"用传统的青铜器技艺修复:有的青铜器病得不轻,整个身体都碎裂了,这时"医生"便会像拼拼图一样把碎块拼接起来;有的青铜器的身体变了形,这时候修复师们会用千斤顶和台钳等工具帮它"整形",在他们的巧手下,青铜器会变回原来的模样。

除了这些,"文物医院"里还有专门修复古钟表、纺织品、陶瓷、漆器的"专科医生"。

虽然"文物医生"不懂得把脉,也无法检测文物的心跳血压,但"文物医生"会用显微镜检查文物的表面,研究文物的材料、颜色,还会用X光机检查文物呢。如果遇上了破裂的文物,"文物医生"还要对文物破损的地方进行各种分析,检查文物的材质,最后才能决定要用什么方法修补文物。

"文物医生"面对这些几百岁的文物有没有束手无措的时候呢?正如人们有许多疑难杂症,文物修复的工作常常也是困难重重,有的文物损坏得太严重,连文物修复师也无法挽救它们的"生命",只好让它们暂时待在库房里,等到有更好的科学技术时再进行修复了。

不过,这些技术高超的"文件医生"和小读者们想的一样,都希望这些文物宝贝能在工作人员的精心呵护下健健康康,永远散发着文明和艺术的光辉。

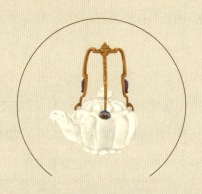

写给孩子的话

故宫里的宝贝,远远不止书中这些。许许多多的稀世珍宝,深藏着精湛的工艺和无数的秘密,传递着中华文化的审美价值和观念,有着自己独特的价值和魅力。

这些宝贝当中,瓷器浓缩着水火土的刚烈与优雅,玉器寄托着古人的风骨与精神,书画凝结着中国文化的精华与创造……它们都被赋予了中华民族独有的美感,为我们积累起文化的传承,在皇家的宫殿中散发着历久弥新的光芒。

书里书外一件又一件的宝贝,是打开历史之门的钥匙,形能读美,物能探史,也许,故宫的寻宝之旅,才刚刚开始。

小朋友们,跟着书中的故事,去故宫发现更多的宝贝吧!